IoTデバイス
プログラミング入門

Windows 10 IoT Coreと
Raspberry Piで作るIoTデバイス

第2版

北山洋幸●著

はじめに

　IoT（Internet of Things = モノのインターネット）とは、世の中に存在するさまざまな物体（モノ）にネットワーク機能を持たせ、インターネットに接続することです。本書は、Windows 10 IoT Core を IoT のオペレーティングシステムとして採用した IoT デバイスの開発手法を解説します。

　Windows 10 IoT Core は、従来の IoT 用オペレーティングシステムと異なり Windows 10 の仲間です。このため、IoT 用のプログラムを Windows 10 上の Visual Studio で開発できます。この点が、他の IoT オペレーティングシステムと大きく異なります。

　本書は、IoT デバイス開発において、初心者が戸惑う初期の環境設定や、簡単なプログラムの開発を丁寧に解説します。クラウド側や Visual Studio で開発する UWP アプリケーション（ユニバーサル Windows プラットフォーム）、そして C# については最小限の解説に留めます。本来、Windows 10 IoT Core 全体を理解するには、クラウド側、デバイス側、各ハードウェア、UWP、そして C# やネットワークなど、多岐に渡る知識が必要とされます。それらを一冊にまとめるのは非常に困難です。そこで、本書はデバイス側に重きを置き、IoT 理解の導入となることを目指します。

　Windows 10 IoT Core を使用すると、ハードウェアを意識することなく、IoT デバイスのアプリケーションソフトウェアを開発できます。これによって、ソフトウェアエンジニアはハードウェアの知識は最低限の理解で済み、IoT デバイスのアプリケーションソフトウェア開発に専念できます。Visual Studio の C# で開発できるため、Windows アプリケーションソフトウェアと同じような要領で行うことができます。

　一般的なソフトウェアの世界に住む人が、IoT デバイス（組み込みシステム）へ挑戦するときに壁となるのは、プログラミングの違い以前に環境の違いです。一般的なソフトウェア開発の場合、ハードウェアの構成などに気を遣う必要はありません。ところが組み込み環境では、ターゲットシステムを何にするか、デバッガは何を使うか、開発環境に何を用いるかなど悩みどころが多いです。そして、ドライバやミドルウェア、そしてオペレーティングシステムまでポーティングする必要があり、開発に入るまでに習得することが多すぎます。かつ、これらの組み合わせは多岐に渡るにも関わらず、情報は断片的なため組み込みシステムに慣れた人でも戸惑うことが少なくありません。その上、ボードに半田付けなどを行わなければならない場合もあり、さらに敷居を高くしています。本書は Windows 10 IoT Core を使用することによっ

て、これらの困難を、なるべく取り払いました。アプリケーションに使用する部品の購入なども、すべてネットで入手可能なものを選び、半田付けが必要な場合でもなるべく最小限とします。

　本書の対象読者は、以下のような人を想定しています。

- IoT（Internet of Things）の開発に興味のある人
- Visual Studio で IoT デバイスを開発したい人
- Windows 10 IoT Core に興味のある人

　是非、本書を参考に IoT の世界へ飛び込んでください。微力ながら本書が学習の助けになれば幸いです。

謝辞

　出版にあたり、お世話になった株式会社カットシステムの石塚勝敏氏に深く感謝いたします。

2019 年初秋　都立東大和南公園付近にて 北山洋幸

■本書の使用にあたって --

開発環境、および、実行環境の説明を行います。

■ホストシステム

ホストシステムは Windows PC です。Windows のバージョンは 10 を使用してください。Windows 10 以外を使用すると、さまざまな困難が発生します。

■ターゲットシステム

ターゲットシステムは Raspberry Pi 2 Model B あるいは、Raspberry Pi 3 Model B です。すべての確認を行ったのは Raspberry Pi 3 Model B です。Raspberry Pi 4 でも問題ないだろうと予想されますが、確認は行っていません。

■ Windows 10 IoT Core バージョン

Windows 10 IoT Core のバージョンへ依存するとは思えませんが、確認した Windows 10 IoT Core バージョンは、執筆時最新の 10.0.17763.107 などを使用しました。ホストのバージョンと異なる場合がありますので、バージョンの整合性に留意してください。詳細については本文で解説します。

■開発環境

Windows 10 PC へ無償の Visual Studio Community 2019 をインストールして使用します。

■開発者モード

Windows 10 PC は、開発者モードで使用する必要があります。詳細については、本文で解説します。

■ユーザーアカウント

近年の Windows はユーザーやアカウントの管理が強化されています。例えば、「標準ユーザー」ではプログラムのインストールやアンインストールは制限されます。各種ソフトウェアのインストールやセットアップで警告が出ることがありますので、「管理者」で実行することを推奨します。もちろん、管理者アカウントを使用する場合、危険なこともできますので、十分注意してください。

■ Visual Studio のバージョンとエディション

基本的に、Windows 10 IoT Core の IoT デバイスを開発する場合、Visual Studio Community 2019 を使用します。もちろん 2019 であれば有償版でも構わないでしょう。

■ネットワーク環境

ホスト（Windows PC）とターゲット（Raspberry Pi）をネットワークで接続する必要があります。通常、ルーター経由でプロバイダと接続していると思います。ターゲットは DHCP で IP アドレスを取得しますので、ホストと同じルーターへ接続してください。一般的には、単純にルーターとターゲットを LAN ケーブル接続するだけで完了です。Raspberry Pi 3 を使用する場合、WiFi 接続できるため、ワイヤレス接続でも構いません。

■ URL

文書中に URL の記載があります。これは、原稿執筆時点のものであり変更される可能性もあります。リンク先が存在しない場合、キーワードなどから自分で検索してください。

■サンプルプログラム

いくつかのサンプルプログラムを用意します。本サンプルは MIT ライセンスを採用しています。使用に際しては MIT ライセンスを理解し、ライセンスに違反しないようにしてください。

■ 用語 --

用語の使用に関して説明を行います。

■語尾の長音符の扱い

最近は、「コンピューター」などのように語尾の長音符を付けるのが一般的になっていますが、本書では統一していません。従来の表現と最近の表現が混在しています。なるべく統一を心がけましたが、参考資料なども混在して使用しているため、統一が困難でした。

■ディレクトリとフォルダ

基本的に「ディレクトリ」を主に使用します。ただし、「フォルダー」や「フォルダ」と

表記されることもあります。これはシステムの表示するメッセージなどと調和を取ったためです。

■デプロイと配置

デプロイと表現した方が良い場所でも、配置あるいは再配置を使用しています。これはWindows 10 IoT Core の解説などでデプロイより配置の表現が使用されているのに合わせたためです。

■プログラムとプロジェクト

本書で紹介する組み込み用のソフトウェアは、いくつかのサブシステムから成り立っています。プログラムと表現した方が良いか、プロジェクトと表現した方が良いか不明な場合、どちらか適切と思われる方を使用しています。プロジェクトやプログラムが同じものを指すことがありますので、文脈から読み取ってください。

■ソースコードとソースファイル

基本的に同じものを指します。まとまったものをソースファイル、ソースファイルの一部を指すときにソースコードと表現します。

■ UART と RS-232C

同じものを指しますが、ソフトウェアからみたときに UART を主に使用し、接続などの場合に主に RS-232C を使用します。混在して使用しますが、同じものを指します。

■ Raspberry Pi

Raspberry Pi と表現した場合、Raspberry Pi 2 と 3 に共通な解説です。Raspberry Pi 2 やRaspberry Pi 3 と表現した場合、そのデバイス固有の解説です。

■ 参考資料 --

- Windows for IoT の ド キ ュ メ ン ト（https://docs.microsoft.com/ja-jp/windows/iot-core/）
- 米 マ イ ク ロ ソ フ ト 社 Windows 10 IoT の 概 要（https://docs.microsoft.com/ja-jp/windows/iot-core/windows-iot）
- 米マイクロソフト社 IoT サイト（https://developer.microsoft.com/en-us/windows/iot）
- 米マイクロソフト社 IoT サンプルサイト（https://github.com/ms-iot/samples/tree/master、https://github.com/ms-iot/samples/tree/develop、https://github.com/microsoft/Windows-iotcore-samples/tree/develop/Samples、https://github.com/microsoft/Windows-iotcore-samples/tree/master/Samples、など）
- Windows 10 IoT Core ダッシュボード（https://docs.microsoft.com/ja-jp/windows/iot-core/downloads）
- Raspberry Pi 公式サイト（https://www.raspberrypi.org/）
- NXP 社、I^2C バス仕様およびユーザーマニュアル
- 秋月電子通商（http://akizukidenshi.com/catalog/c/clpc/）
- Windows 10 IoT Core の解説記事（http://www.atmarkit.co.jp/ait/series/ など類似の解説サイト多数）
- Windows Dev Center（https://developer.microsoft.com/en-us/windows、https://docs.microsoft.com/ja-jp/windows/）

目 次

1

IoT と
Windows 10 IoT Core

Windows 10 IoT Core の概要について解説します。

1.1 IoT とは

IoT（Internet of Things = モノのインターネット）とは、世の中に存在するさまざまな物体（モノ）にネットワーク機能を持たせ、それをインターネットに接続することです。単にインターネットに接続するというだけであれば、いまさら IoT などといわなくても、そのような機器は IoT が提唱されるまえから存在しています。

「IoT」と、それまでの「インターネットにつながる機器」との大きな違いはどこにあるかといわれれば、それは、「クラウド側の機能」と「ワイヤレス」にあるといえるでしょう。IoT とは、単にモノがインターネットにつながるというだけでは不十分で、あらゆる場所からクラウドと連携して、さまざまな事象をリアルタイムに解析し、あるいは蓄積したデータを分析し、何が起きているか、何を行うべきかの情報を提供する環境を指すのではないかと考えます。これまでは単にインターネットにつながるモノだったのが、クラウド側のビッグデータなどと連携することによって、場所を選ばず、より価値のある情報を提供するようになります。

現実の世界には IoT 化できるモノが多数存在します。環境やハードウェアの進歩によって、

これまではインターネットへの接続が不可能だったモノも接続できるようになりました。特に近年のワイヤレス技術と省電力化と電池、そして小型化技術や AI の進歩が IoT を大きく推進することは疑いようもないことです。このようなハードウェアの技術革新は言うまでもありませんが、サーバー側でも大きな技術革新が起きています。クラウド側と連携し、IoT 機器が収集した膨大なデータを容易に蓄積できるようになりました。この膨大なデータ——ビッグデータと呼んで良いでしょう——を解析する超並列・高速サーバーの出現はもちろん、人工知能や機械学習などは急速に進化しています。これまでのインターネットにつながる機器と IoT の大きな違いは、単なるハードウェアの違いだけでなく、サーバー側（クラウド側）のデータ解析能力も大きな比重を占めます。IoT は、単にモノをインターネットにつなぐのではなく、集めたデータから新たな価値を生み出すでしょう。

現在の「モノとインターネットの接続」を考えてみましょう。HDD レコーダ、TV、スマートフォン、デジタルカメラ、メディアプレーヤ、プリンタといった情報家電などをインターネットに接続することは、すでに普通のことです。しかし、得られたデータは個々のアプリケーションにとどまり、時系列に参照されるか、遠隔操作に利用されるだけに留まっています。

IoT では、これ以外のモノもネットワークに接続されるでしょう。例えば、温度計、給湯器、ゴミ箱、マグカップ、炊飯器、ガスコンロ、耳かき、めがね、鉛筆、ハサミ、自動車の速度計などなど、何でもインターネットへつながります。そして、これらのデータを IoT 機器がリアルタイムに分析したり、あるいはクラウドに蓄積されたビッグデータを利用して、新しい価値を生み出すものも現れるでしょう。このような環境では、今まで想像しなかった新しい価値やサービスが現れる可能性があります。

IoT の出現は、いくつかの基礎技術がそれを可能とするレベルに達したのが大きいでしょう。どのような技術分野でもそうですが、ずいぶん前に構想が考えられていても、裾野の技術（インフラ）が構想に追いつかず満足な結果が得られない場合があります。

例えば、テレビ電話を考えてみましょう。今日では、数万円の PC やスマートフォンさえあれば、誰でもテレビ電話を使うことが可能となりました。しかし、テレビ電話が考え出されたのは大昔です。基本的な技術が机上で考え出されても、普及には多くの時間を必要とします。つまり基本的なアイデアが存在しても、インフラが、そのアイデアを実装できるレベルに達していないと（技術だけでなく経済的にも）、アイデアはアイデアのままで終わります。

IoT でも同じことが言えるでしょう。これまでも、組み込み装置を個別にインターネットへ接続することは可能でした。しかし、最低でもセットトップボックス程度の物理的な大きさを

要求しました。また、体積に見合った電源も要求されます。さらに、ワイヤレス機能も十分ではありませんでした。いろいろなモノをインターネットへつなごうと考えた場合、ワイヤレス機能は必要不可欠です。今日では、ほとんどの場所から公衆無線を利用できます。このような環境が整ったのは、つい最近のことです。さらに、「省電力の CPU や性能の良い電池、そしてワイヤレス技術が充実してきた」のも、「クラウドを気軽に使えるようになった」のも、つい最近のことです。このように、IoT を実現できる環境が、やっと出揃いました。それでもまだまだ改善の余地があり、本格的に IoT を実装するにはまだ時間が必要でしょう。とはいえ、少なくとも最低限の環境は揃いました。そのような意味で、IoT 元年が到来したと考えて良いでしょう。

IoT を実現するにあたり、デバイス側で何が起こったか簡単にまとめてみましょう。

- 高速 CPU の小型化
- 高速 CPU の省電力化
- 電池の性能向上
- ワイヤレス機能の大幅な向上
- これらが廉価に入手できるようになった

これまでも多くの「モノ」がインターネットへ接続する機能を備えていましたが、ある程度の電源能力や物理的な大きさを求められ、あらゆるモノをインターネットにつなぐのは容易ではありませんでした。しかし、近年はインターネット接続を行うハードウェアや環境、特にワイヤレス環境が一昔前に比較して大幅に変化しています。

IoT を実現するにあたり、クラウド側の変化もまとめてみましょう。

- 高速ブロードバンドの普及
- ワイヤレス環境の普及
- 大量のデータ蓄積機能
- ビッグデータ解析能力の充実
- AI や Deep Learning 機能の充実

　少し前までは、モノをインターネットにつないだとしても、単にピア・ツー・ピアの使用法に留まっていました。ところがクラウドと連携できるようになり、応用の範囲が大きく広がりました。インターネットという共通のインターフェースを使用するため、ネットワークが限定された範囲から世界中に接続できるインターネットへ変わったのも大きいでしょう。

　このようなデバイス側とクラウド側双方の進歩によって、単にモノをインターネットに接続するのではなく、収集した膨大なデータを分析し、さらにその結果をフィードバックできるようになりました。単にモノをインターネットに接続するだけであれば、すでにユビキタスなどのネットワーク機能は過去に提唱されています。そして、単にネットワークにつながるハードウェアであれば、すでに組み込み装置が実現しています。

　世の中に存在するさまざまな物体（モノ）がインターネット接続された後、何が起きるのか想像するのは面白いです。近未来は想像できますが、まったく想像しなかった利用法、サービス、そしてアプリケーションも現れるでしょう。インターネットが家庭に普及しはじめた当時を考えてみましょう。単に、パソコン通信の高速版のように捉える人もいました。しかし、どうでしょう、今では一般家庭で高速ネットワークを使えるのは普通のことになりました。利用法やサービスも、当時予想もしなかったものも現れています。IoT も完全に普及する頃には、想像もしなかったものが現れるでしょう。

　コンセプトが同じであっても、量と質が変わると想像できなかった応用が現れます。きっとIoT が普通に使われるようになると、想像もしない世界が現れるでしょう。もしかしたら、数年後には「IoT」という言葉は消えているかもしれません。しかしそれは IoT という考えが消滅した結果ではなく、その考えがもはや特別なものではなくなるほど社会に浸透した結果であるに違いありません。

1.2　Windows 10 IoT Core とは

　Windows がデスクトップやサーバーの世界から、IoT の世界へ船出しました。Windows 10 IoT Core は、小さなディスプレイ、あるいはディスプレイなしの IoT デバイスへ最適化された Windows 10 オペレーティングシステム（OS）の仲間です。Windows 10 IoT Core は、いくつかの Prototype Boards をサポートしています。例えば Raspberry Pi 2 と 3B、Arrow DragonBoard 410c、MinnowBoard Turbot/MAX、そして NXP i.MX 6/7/8 などです。本書

は Raspberry Pi 3 をメインで使用しました、Raspberry Pi 2 でも紹介したプログラムは動作するでしょうが、Raspberry Pi 2 ですべてのプログラムの確認は行っていません。この OS は、拡張性にすぐれた Universal Windows Platform (UWP) API を利用します。本書を執筆時点では Raspberry Pi 4 は正式にはサポートされていませんが、本書が読者の手元に届くころには Raspberry Pi 4 もサポート対象になっているのではないかと想像しています。

Windows 10 IoT Core を簡単に表現すると、IoT デバイス対応の OS のことです。IoT デバイスと表現しましたが、要は、一般的に組み込み用途で使われる小型コンピューターのことです。組み込み装置（組み込み用デバイス）がネットワーク機能を装備していれば IoT デバイスと呼んで良いでしょう。これまでは、組み込み用デバイスの OS には、RTOS（Real Time Operating System）や Real Time Linux などが使用されていました。これに加え、Windows 10 IoT Core という新しい OS が用意されました。つまり、Windows 10 IoT Core は、組み込み装置用の新しい OS と言い換えることもできます。

Windows 10 IoT は、Windows 10 IoT Core 以外に、エンタープライズ管理性とセキュリティを IoT ソリューションに提供する Windows 10 のフルバージョンの Windows 10 IoT Enterprise が存在します。Windows 10 IoT も他の OS と同様に日々進歩していますので、参考資料の URL から最新の情報を取得してください。

Windows 10 という名前が付いていますが、デスクトップやモバイルデバイス向けの Windows 10 とは機能や使い方は大きく異なります。大きな特徴は、ユニバーサル Windows アプリ（UWP）を直接実行できる OS という点です。従来の Visual Studio を使用した開発やデバッグが行えるため、Visual Studio に慣れた人には導入の敷居が低いでしょう。その代わり、組み込み Linux などと異なり、デバイス単体でのアプリケーションソフトウェア開発はできず、シェルのようなインターフェースもありません。そのため、Windows 10 IoT Core 用のアプリケーションソフトウェアは、Windows 10 PC と組み合わせて開発する必要があります。

1.3 Windows 10 IoT Core の開発環境

　Windows 10 IoT Core がこれまでの OS と異なるのは、Windows に慣れ親しんだ人が Visual Studio を使用し、容易に IoT デバイスを開発できるようになったことです。今まで組み込み装置に縁がなく、Windows アプリケーションを開発していた人が、容易に IoT デバイスを開発できます。

　本書では、Windows 10 IoT Core という新しい OS とデスクトップ版の Windows 10 とは何が違うのか、どのように開発するのか、何ができるのかを紹介します。実機に Windows 10 IoT Core をインストールして実際に使ってみながら、いくつかの機能を追加して IoT デバイスの開発にチャレンジします。以降に、開発環境の概念図を示します。

図1.1●開発環境の概念図

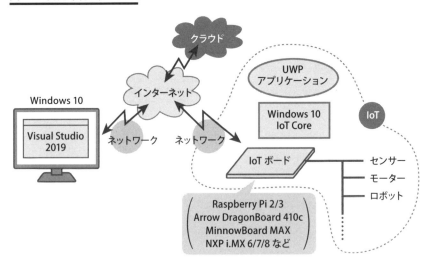

1.4 開発に必要な機材

　この節では、本書で行う開発に必要となる機材などについて説明します。簡単な IoT システムなら Windows 10 PC と Raspberry Pi だけで開発できます。しかし、センサーなどを使っ

た IoT デバイス上でアプリケーションソフトウェアを動作させたいなら、いくつかの機材が必要です。

　次に示すのは、Windows 10 IoT Core をインストールして起動するのに必要な機材の一覧です。

ホスト PC 側の必要物一覧

- Windows 10 PC
- Windows 10 PC から microSD カードに書き込める環境

ターゲット側の必要物一覧

- Raspberry Pi 2 Model B または Raspberry Pi 3 Model B
  （Arrow DragonBoard 410c、MinnowBoard MAX、NXP i.MX 6/7/8 など）
- 8 ギガバイト以上の microSD カード
- USB キーボード
- USB マウス
- LAN ケーブル（WiFi 接続の場合不要）
- HDMI ケーブル
- HDMI の入力端子を持つ表示装置
- USB ケーブル（端子が microB タイプ）

図1.2●Raspberry Pi 2（左）とRaspberry Pi 3（右）

必要となる主要な機材について以降に説明します。

■ Windows 10 が動作する PC

Windows PC を利用中の人は、すでに Windows 10 を使用していると思います。何らかの理由で、Windows 7 や 8 1 を使用中の人は、Windows 10 へアップグレードしてください。

■ 8 ギガバイト程度の microSD カード

これは持っていなければ PC ショップや通販サイト購入してください。8 ギガバイトくらいであれば、過去に使っており、現在は未使用となったものなどを流用しても良いでしょう。新規に購入しても安いものなら 500 円程度です。ただ、Class 10 へ適合したものを推奨します。通販サイトなどで調べると「microSDHC カード 16GB Class10」で 800 円程度です。

■ Windows 10 PC で microSD カードに書き込める環境

PC で microSD カードへ書き込みを行う必要があります。最近の PC には SD カードなどへの書き込みを行うスロットを最初から装備しているものも少なくありません。そのような機種を使用している人は、microSD カードを購入するときに、SD カード変換アダプターが付属しているものを購入すると良いでしょう。たいていの microSD カードは、SD カード変換アダプター付属で販売されています。microSD カードへの書き込み環境がない人は、microSD カード対応のライターを購入してください。こちらも通販サイトなどを調べると 500 円程度で購入できます。

■ Raspberry Pi 2 Model B または、Raspberry Pi 3 Model B

Raspberry Pi 2 Model B や Raspberry Pi 3 Model B は通販サイトで購入できます。Raspberry Pi は、多数のサイトで販売されています。日常的に使っているサイトから購入するか、あるいは電子部品を扱っているサイトから購入すると良いでしょう。以降に、筆者が Raspberry Pi 3 Model B の価格を調査した時期の参考価格を示します。だいたい 5,000 円前後で購入できるようです。金額は、時期やサイトによって変動しますので、あくまでも参考としてください。

RS コンポーネンツ	4,000 円
Amazon	5,450 円
秋月電子通商	5,000 円

　電子部品を扱っているサイトの方が比較的廉価で、5,000 円以下で購入できるショップもありました。ただ、通販サイトによっては、一定金額以上の購入を行わないと別途送料を請求される場合もあります。また、ケース込みで買うか、単体で買うかなどで価格は変動します。

　以降の機材はすでに持っている場合が多いでしょうが、お手元になければ通販や PC ショップで購入してください。

- USB キーボード（安いものは数百円台から購入できます）
- USB マウス（安いものは数百円台から購入できます）
- LAN ケーブル（安いものは数百円台から購入できます）
  ケーブル長はお手元の環境に合わせてください。Raspberry Pi 3 は WiFi を標準で装備していますので、WiFi で使用する場合は不要です。
- HDMI ケーブル
  Raspberry Pi の HDMI 端子はタイプ A です。一般的に PC の液晶モニターや、テレビなどの HDMI 端子もタイプ A ですので、両端がタイプ A の HDMI ケーブルを購入して良いでしょう。ただし、接続するディスプレイの HDMI 端子形状が不明な場合、端子や仕様書を読んで適合する端子のケーブルを購入してください。こちらは 700 円程度から購入可能です。
- HDMI の入力端子を持つ表示装置
  これを別途購入すると若干出費としては大きいです。ほとんどの場合、PC 用のモニター、あるいは家庭のテレビで代用できます。一般的に表示装置を購入する必要はないでしょう。
- USB ケーブル（端子 microB タイプ）
  外付け HDD などを使用している人はすでに持っているでしょう。もし、手持ちでなければ通販や PC ショップで購入してください。安いものは 300 円台から購入できます。このケーブルは Raspberry Pi へ電源を供給するために用います。

以降に、筆者が購入した時期の各パーツの単価を示します。価格は、時期によって変動しますので参考に留めてください。

表1.1●主要パーツの価格（参考値）

部品	販売元	価格
Raspberry Pi 2（Raspberry Pi 3 があれば不要）	RS コンポーネンツ[*1]	4,410 円
	Amazon[*2]	5,589 円
	秋月電子通商[*3]	5,600 円
Raspberry Pi 3（Raspberry Pi 2 があれば不要）	RS コンポーネンツ	4,000 円
	Amazon	5,450 円
	秋月電子通商	5,000 円
microSDHC カード 16GB	Amazon	998 円
HDMI ケーブル	Amazon	1,236 円

*1: アールエスコンポーネンツ株式会社の運営する通販サイト、
*2: アマゾン社の運営する通販サイト、
*3: 株式会社秋月電子通商の運営する通販サイト

■センサーやリレーなど雑多な機材

本書で使用したセンサーなど、細かな部品類をまとめます。価格は、時期によって変動しますので参考に留めてください。下記のようにバラバラで買わず、IoT 用にセットで販売しているものがありますので、それらを買うと多様なセンサーやモーターなどを安価に購入できる場合もあります。

表1.2●その他のパーツの価格（参考値）

部品	販売元	価格
抵抗内蔵の LED、10 個入	秋月電子通商	120 円
ジャンパー線、オス - オス／オス - メス／メス - メス Arduino Raspberry pi 用、20cm 40 本	Amazon	160 円
タクトスイッチ	秋月電子通商	10 円
ブレッドボード	Amazon	240 円
温度センサーモジュール（ADT7410）	秋月電子通商	500 円
温度センサーモジュール（HDC1000）	秋月電子通商	680 円
ADXL345 モジュール	Amazon	185 円
RS232-TTL コンバータモジュール（NS-RS232）	Amazon	880 円
FTDI USB-TTL 変換モジュール	Amazon	415 円
ソリッド・ステート・リレー（SSR）キット	秋月電子通商	800 円

部品	販売元	価格
ガラス管ヒューズ	秋月電子通商	30 円
ヒューズホルダー	秋月電子通商	80 円
AC プラグ（メス）	Amazon	95 円
リードリレー SS1A05（5 個入り）	秋月電子通商	280 円
スズキ　キャリー（ラジコン）	Amazon	1,550 円
リレーモジュール（2 回路）	Amazon	195 円

　購入しなくても身の回りにあるものを流用するか、ジャンクとして捨てられているようなものを使えば費用は抑えられるでしょう。ソフトウェアの開発しか行っていない環境では、ほとんどの部品類を購入する必要がある可能性も高いです。そのような環境にある人は、半田や半田ごての購入も必要になるでしょう。

　大きな費用を占めるものは、やはり Raspberry Pi です。これも手持ちの人は、それを使用すれば節約できますが、周りに持っている人がいない場合、購入は免れないでしょう。

2

Windows 10 IoT Core イメージを microSD へ書き込み

この章では、Windows 10 IoT Core のインストールと Raspberry Pi 上での起動、およびブラウザ経由でデバイスを管理する方法について説明します。Windows 10 IoT Core のインストールは、PC にインストールした書き込みツールを使って、Windows 10 IoT Core のイメージを microSD カードに書き込むまでを解説します。

2.1 Windows 10 IoT Core Dashboard

Windows 10 IoT Core をインストールする方法を紹介します。使用する PC はインターネットへ接続しておく必要があります。なお、このツールは、ローカルに存在するイメージを書き込むこともできます。そのようなときは、ローカルに存在する Windows 10 IoT Core イメージを microSD カードへ書き込むため、PC がインターネットへ接続されている必要はありません。

図2.1●Windows 10 IoT Core Dashboardを使ったイメージ書き込みの概要

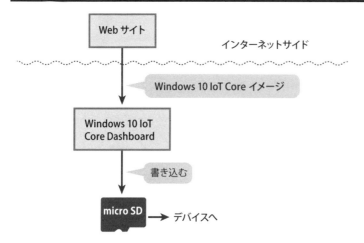

1. 対象デバイスなどを選ぶ
2. 書き込む

■ツールのインストール

　Windows 10 IoT Core のダウンロードサイト（https://docs.microsoft.com/ja-jp/windows/iot-core/downloads）を開き、［Windows 10 IoT Core ダッシュボードをダウンロードする］ボタンを押して、Windows 10 IoT Core Dashboard をダウンロードします。

図2.2●Windows 10 IoT Core Dashboardをダウンロード

ダウンロード

2019/07/06・🌐 💧

Windows 10 IoT Core を使った作業を開始するために必要なツールとソフトウェアをダウンロードします。

Windows 10 IoT Core ダッシュボード

Windows 10 IoT Core ダッシュボードでは、ナビゲート可能なインターフェイスにより、Windows 10 IoT Core のデバイスへのフラッシュがよりシンプルになります。ダウンロードが完了したら、こちらでダッシュボードでのデバイスのセットアップ方法を学習します。

Windows 10 IoT Core ダッシュボードをダウンロードする

Windows 10 IoT Core ダッシュボードをダウンロードして使用することにより、Windows 10 IoT Core ダッシュボードのライセンス条項とプライバシーに関する声明に同意したものと見なされます。

　するとブラウザの下部に、インストールするか、インストーラを保存するか選択するボタン

が現れます。ここでは、［実行］ボタンをクリックします。

図2.3●［実行］ボタンをクリック

セキュリティの警告画面が現れる場合がありますが、構わず［インストール］ボタンをクリックしてください。

図2.4●［インストール］ボタンをクリック

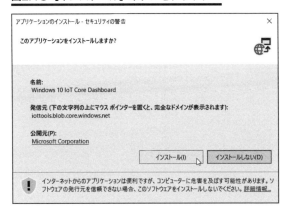

［インストール］ボタンをクリックすると、インストーラが起動し、途中の経過が表示されます。

図2.5●インストール開始

2.2 microSD へ書き込み

インストールが完了すると自動で「Windows 10 IoT Core Dashboard」が起動します（自動起動しない場合はスタートメニューから起動してください）。以降に、「Windows 10 IoT Core Dashboard」を起動し、「新しいデバイスのセットアップ」を表示した様子を示します。

図2.6●新しいデバイスのセットアップ

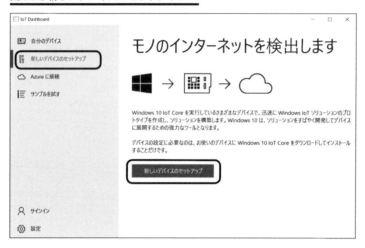

　「新しいデバイスのセットアップ」の画面が現れます。「デバイスの種類」、「OS ビルド」、「ドライブ」のドロップダウンから対象ボードなどを選びます。一般的には、この3つを変更する必要はありませんが、自身が目的とするものと違う場合は、適宜変更してください。「デバイス名」もデフォルトの設定を使用します。パスワード入力し、「ソフトウェア ライセンス条項に同意する」にチェックを付けた後、［ダウンロードとインストール］ボタンをクリックし、Windows IoT Core イメージを microSD へ書き込みます。microSD カードを挿入していないと、「ドライブ」欄にドライブなどが表示されません。事前に microSD カードを挿入しておきましょう。

図2.7●[ダウンロードとインストール]ボタンをクリック

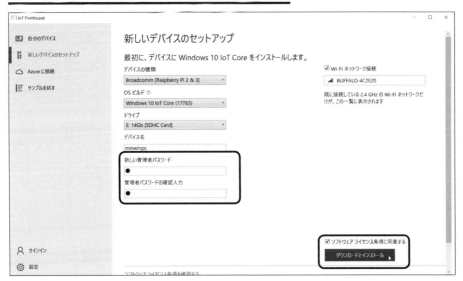

[ダウンロードとインストール]をクリックすると、まず「SD カードを消去しています」が現れます。その際に、本当に microSD カードの内容が失われて構わないか問い合わせる警告画面が現れます。ここでは、問題ないので[続ける]をクリックします。

図2.8●[続ける]ボタンをクリック

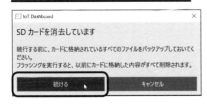

すると Windows 10 IoT Core イメージのダウンロードが始まります。

図2.9●Windows 10 IoT Coreイメージのダウンロードの様子

　ダウンロードが完了すると、自動で microSD カードへ書き込みに移ります。プロンプトが現れ 100％ に達するまで待ってください。このプロンプトは自動で現れ、自動で消えます。

図2.10●microSDカードへ書き込み

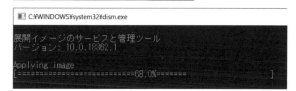

　なお、使用する microSD カードによっては、先の画面の前に、以降に示すプロンプトが現れる場合があります。

図2.11●microSDカードの検査

　このまま待っていると、ブート可能な Windows 10 IoT Core イメージが microSD カード

へ書き込まれます。この microSD カードを抜いて、Raspberry Pi の microSD スロットに挿入し、電源を入れると Raspberry Pi で Windows 10 IoT Core が起動します。Windows 10 IoT Core の起動については、次節で説明します。

　なお、microSD カードを設定したときや、Windows 10 IoT Core イメージが microSD カードへ書き込まれた後に、microSD カードを初期化しなさいという旨のメッセージや、PC の設定によってはエクスプローラなどがいくつも現れる場合もあります。そのような場合はメッセージを無視して構いません。

2.3　Windows 10 IoT Core の起動

　ここからの作業は Raspberry Pi（2 または 3）で行います。Windows 10 IoT Core イメージを書き込んだ microSD カードを Raspberry Pi の microSD スロットに挿入し、Windows 10 IoT Core を起動します。　まず、microSD カードを Raspberry Pi の microSD スロットに挿入してから、Raspberry Pi にキーボードやマウス、HDMI ディスプレイ、LAN を接続します。そして最後に電源を供給する USB ケーブルを挿します。すると Windows 10 IoT Core が起動するので、案内に従ってマウスで言語などを選択して初期化します。

図2.12●Windows 10 IoT Core起動の概要

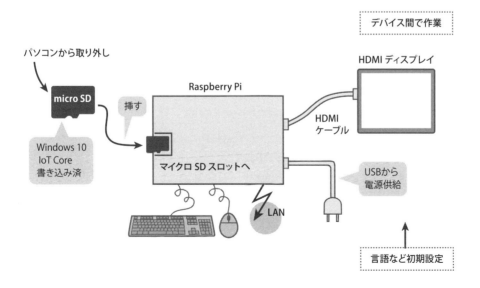

以上の各手順をより詳細に解説します。

■（1）microSD カードの挿入

　まず、Raspberry Pi の裏面に存在する microSD スロットに Windows 10 IoT Core イメージを書き込んだ microSD カードを挿入します。Raspberry Pi 2 の microSD スロットはロックされますが、Raspberry Pi 3 の microSD スロットは単に差し込むだけです。

図2.13●microSDカードとRaspberry Piのスロット

■（2）機器の接続

　次に、Raspberry Pi の端子へキーボード、マウス、HDMI ディスプレイ、そして LAN を接続します。最後に、電源用のマイクロタイプ B の USB ケーブルを接続します。これで電源が入り、Windows 10 IoT Core の起動が始まります。ネットワークを使う場合は LAN ケーブルも接続してください。Windows 10 IoT Core を起動するだけで外部から接続を行わないなら、LAN ケーブルなどはなくても構いません。なお、Raspberry Pi 3 は WiFi 機能を持っていますので、WiFi が使える環境であれば LAN ケーブルがなくてもネットワーク接続できます。

　HDMI ディスプレイは、特別なものは必要ありません。普段使用している PC のディスプレイやテレビの HDMI 端子へ接続してください。もし、HDMI 端子の付いたディスプレイがない場合、購入する必要があります。

図2.14●ケーブルを接続した状態

■（3）Windows 10 IoT Core の初期化

　電源供給後、しばらくするとWindows 10 IoT Core の初期化作業が始まります。次図（左）に示すような表示がしばらく続きます。たまにブラックアウトした状態が続く場合もありますが、何も触らず待ちましょう。

図2.15●Windows 10 IoT Coreの初期化作業

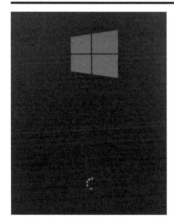

　しばらくすると、言語選択やMicrosoft 社へ提供する情報の選択、privacy setting の設定、WiFi などの設定画面が現れます。基本的にデフォルトで構わないでしょう。言語はWindows 10 IoT Core が立ち上がった後でも設定から変更できます。

図2.16●Windows 10 IoT Coreの初期化作業

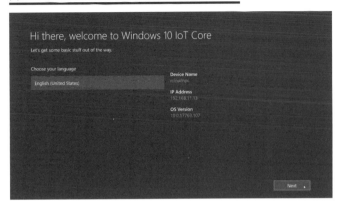

　有線 LAN を使用している場合は、WiFi の設定もスキップして構いません。なお Raspberry Pi 2 を使用している場合は、表示が少し変わります。

■ （4）起動画面

　デフォルトのまま初期設定した画面を示します。これが Windows 10 IoT Core の起動画面です。Windows 10 IoT Core は、通常の Windows 10 とは異なります。以降に、Raspberry Pi 3 と Raspberry Pi 2 の起動画面を示します。画面表示が変わり、表記が Raspberry Pi 3 と Raspberry Pi 2 では異なります。

図2.17●Raspberry Pi 3とRaspberry Pi 2の起動画面

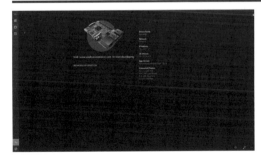

　言語やネットワークの設定は、初期設定時に行わなかった場合、設定画面を使用して変更できます。

図2.18●設定画面

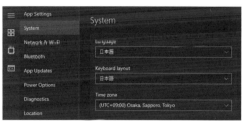

Windows 10 IoT Core の起動画面には、Windows 10 IoT Core のコンピューター名（デフォルトでは「minwinpc」）、ネットワーク接続されていれば IP アドレス、そして USB デバイスの一覧などが表示されます。

ここまで確認できれば、Windows 10 IoT Core が正常にインストールできたと考えて良いでしょう。

図2.19●設定変更を行った起動画面（Raspberry Pi 3）

2.4 Windows 10 IoT Core の管理

Windows 10 IoT Core の管理は Windows Device Portal で行います。この節ではその方法を説明します。

■ Windows 10 IoT Core Dashboard から Windows Device Portal を開く ≡

Windows 10 IoT Core Dashboard に自分のデバイスを表示させます。そして、その上でマウスの右ボタンをクリックし、［デバイスポータルで開く］を選択します。

図2.20●［デバイスポータルで開く］を選択

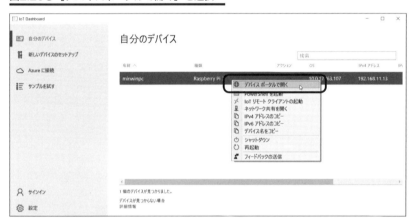

ユーザー名とパスワードを求められます。特にユーザー名を指定していなければ、図に示すように入力し、パスワードは初期設定時に設定した値を入力してください。

図2.21●ユーザー名とパスワード

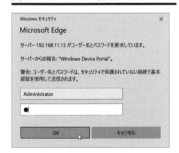

　すると Windows Device Portal が現れます。Windows Device Portal とデバイスポータルを混在して使用しているのは、サイトの表示に合わせているためです。また、言語の設定などで表示が変更されるときもありますので、適宜読み替えてください。

図2.22●Windows Device Portal

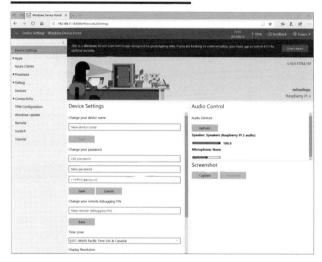

　いろいろなことができますが、説明すると多くのページを必要としますので、画面の表示から想像して操作してください。[Learn More] などを使って学習するのも良いでしょう。代表的なものを示します。「Devices」を選ぶと、「Device Manager」が表示されます。

図2.23●Device Manager

「Process」や「Performance」を表示させた様子も示します。左側の「Process」タブを選択すると、各種情報を観察できます。実行中の Windows 10 IoT Core のプロセス一覧を観察できます。右側に、Windows 10 IoT Core で動作しているプロセスが表示されます。「Performance」タブには、通常の Windows OS のタスクマネージャーのように、CPU や I/O、Network、Memory などの利用状況がリアルタイムにグラフ表示されます。

図2.24●ProcessやPerformance

　右上の「Power」を使用すると Raspberry Pi のリスタートやシャットダウンを行うことができます。

2.5 サンプルを試す

　Windows 10 IoT Core を Raspberry Pi で動作させ、その管理まで行えることを説明しました。ここでは、Windows 10 IoT Core Dashboard を使用して、Windows 10 IoT Core 上でアプリケーションを実行できることを確認します。

　まず、Windows 10 IoT Core Dashboard を起動し、左側の「サンプルを試す」を選択します。

図2.25●「サンプルを試す」を選択

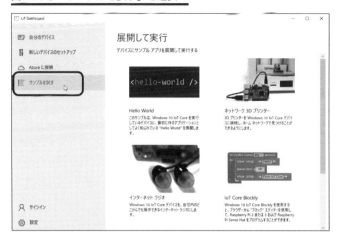

　すると右側にいくつかのサンプルが現れます。最も基礎的なサンプルであると思われる「hello world」を選びます。

図2.26●「hello world」を選ぶ

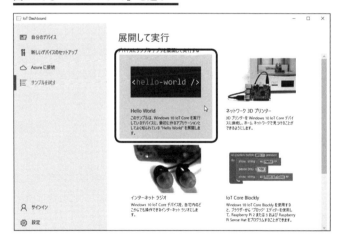

　すると画面が切り替わります。まだ、デバイスが選択されていません。

図2.27●画面が切り替わる

デバイスを選び、[展開して実行] ボタンをクリックします。

図2.28●[展開して実行をクリック

しばらくすると、「デバイスでこのアプリを実行中です。」と表示されます。

図2.29●デバイスでアプリを実行中

　そこで、Raspberry Pi に接続された HDMI ディスプレイを観察してみましょう。選択した
アプリケーションが起動し、次に示す画面が表示されます。

図2.30●アプリケーションが実行

　[Click Me!] ボタンをクリックすると、上部のメッセージが変化します。

図2.31●[Click Me!] ボタンをクリック

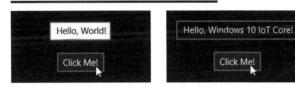

　アプリケーションを停止したければ、Windows 10 IoT Core Dashboard の［停止］ボタン
をクリックします。

図2.32●[停止] ボタンをクリック

　すると、Raspberry Pi の表示が通常の表示に戻ります。つまり、アプリケーションが停止
したことを示します。

図2.33●アプリケーションは停止

■ Windows Device Portal から試す

　同様のことを Windows Device Portal から行うことができます。Windows 10 IoT Core の管理で使用した Windows Device Portal の Apps→Quick-run samples を開くと、「HelloWorld」が存在します。最も単純なアプリケーションと思われますので、このアプリケーションをデバイスで実行させてみましょう。[Deploy and run] をクリックします。

図2.34●「HelloWorld」をDeploy and run

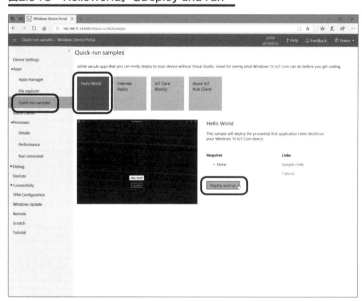

しばらく待たされますので、デバイスで実行できるようになるまで待ちましょう。

図2.35●しばらく待つ

しばらくするとデバイスにインストールされます。

図2.36●デバイスにインストールされる

　これ以降の Raspberry Pi で行うことは、先ほどと同様です。以上で、Windows 10 IoT Core を起動し、サンプルを Raspberry Pi 上で動作させるところまで理解できたでしょう。

　IoT のドキュメントを参照すると、日本語では展開、配置、あるいは再配置と表現されているものが、英文では Deploy が使われています。最近では日本語でもデプロイとカタカナで表現することも多いですが、本書ではリファレンスに従い配置、あるいは再配置を採用します。

3

Visual Studio のインストールと プログラムの実行

　プログラムを開発し、Raspberry Pi 上の Windows 10 IoT Core でアプリケーションソフトウェアを動作させるにはホスト側の PC へ Visual Studio をインストールする必要があります。

　この章では、Windows 10 IoT Core の開発環境である Visual Studio のインストールと、Windows 10 IoT Core 用のサンプルプログラム一式をダウンロードして簡単なプログラムを Raspberry Pi で動作させるまでの作業について説明します。これによって、プログラムのビルドから実際の Raspberry Pi で動作させる手順の理解、そして開発環境の設定に間違いがないことを確認する方法を解説します。また、最後にプログラムの新規開発についても説明します。

3.1 Visual Studio Community 2019 のインストール

　まず、マイクロソフト社のウェブサイト（https://www.visualstudio.com/ja/vs/）を開きます。「Visual Studio のダウンロード」にマウスカーソルを合わせるとドロップダウンが現れますので「Community 2019」を選択します。

図3.1●Visual Studio Community 2019のインストール①

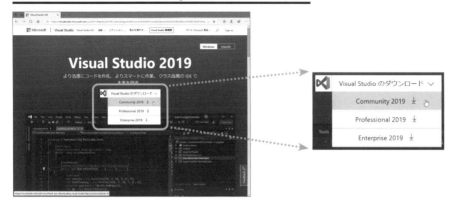

　ブラウザによって表示は異なりますが、一般的にブラウザ下部にインストールの表示が行われます。ここでは、「実行」をクリックし、インストーラを起動します。

図3.2●Visual Studio Community 2019のインストール②

　しばらくしてインストールの準備が整うと、ライセンス条項へ同意するか問い合わせるダイアログボックスが現れます。ライセンス条項へ同意すると、インストールが始まります。

図3.3●Visual Studio Community 2019のインストール③

　しばらくすると、以降に示す画面が現れます。ユニバーサル Windows（UWP）を使用しますので、「ユニバーサル Windows プラットフォーム開発」へチェックを付けます。いろいろなプログラムを開発する予定があるなら、「.NET デスクトップ開発」と「C++ によるデスクトップ開発」へもチェックを付けておくと良いでしょう。チェックを付けると、右側にインストー

ルする項目が現れます。デフォルトの設定で構いませんので［インストール］ボタンをクリックします。もし、不足分があっても Visual Studio は簡単に不足しているものを追加インストールする方法を提供しますので、インストールに関しては厳密に考える必要はありません。もし、何が必要か明確に分からない場合、ディスクを余分に消費しますが、すべてにチェックを付けるのも良いでしょう。

図3.4●Visual Studio Community 2019のインストール④

このようにインストールするものを選べますので、不必要なディスク消費回避や、インストール時間の削減を行えます。しばらくインストール作業が続きますので、他の作業などをしながら終わるのを待ちましょう。

図3.5●Visual Studio Community 2019のインストール⑥

　インストールが終わると、PC の再起動が求められる場合もありますので、そのようなとき
は再起動します。再起動が求められない場合は、すぐに Visual Studio が起動します。Visual
Studio が起動すると、サインインを求められますが「後で行う」をクリックしましょう。サ
インインは後で行っても構いませんし、アカウントを持っているならサインインしても構いま
せん。Visual Studio が起動すると、「開発設定」や「配色テーマの選択」ダイアログが現れます。
自分の好みの設定を行ってください。ここでは何も変更せず「Visual Studio の開始」をクリッ
クします。

　ただし、旧バージョンの Visual Studio がインストール済みだったり、あるいは Microsoft
社のアカウントを作り、すでにログイン済みだったりすると、これとは違った進み方をする
場合もあります。インストールはバージョンにも依存しますので、大体の手順と思ってくだ
さい。

図3.6●Visual Studio Community 2019の起動

　しばらくすると「作業の開始」画面が現れます。

図3.7●「作業の開始」画面

　既存のプロジェクトを選ぶか新しいプロジェクトを作成することができます。ここでは「コード無しで続行」ボタンを押して、Visual Studio Community 2019のメイン画面を表示させます。

図3.8●Visual Studio Community 2019のメイン画面

　以上で、Visual Studio Community 2019のインストールは完了です。

　しばらく Visual Studio Community は無償で利用できますが、アカウントを作成しサインインしないと、一定期間後に利用が制限されます。メールアドレスとパスワードを用意してマイクロソフト社用のアカウントを作成するとよいでしょう。Visual Studio Community を無償で利用できる期間の終わりが迫ると案内が表示されますので、それに従ってアカウントを作成しましょう。もちろん、すでにアカウントを作成済みであれば、そのアカウントを利用できます。あるいは使用期限が迫る前に、早めにアカウントを作成するのも良いでしょう。

3.2　サンプルの Hello World を動作させる

　これまでの解説で Windows 10 IoT Core とその開発環境ができあがりました。すぐに Windows 10 IoT Core 用のプログラムを開発し、それを動作させても構いません。しかし、実行で不具合が発生したとき、プログラムに問題があるのか、あるいは環境に問題があるのか判別できません。そこで、最初から提供されているサンプルプログラムを動作させて環境の確認を先に行うのが確実でしょう。まず、最も簡単と思われるサンプルプログラムを Raspberry Pi で動作させてみます。最初ですので丁寧に順を追って説明します。

■サンプルプログラムのダウンロード

　Windows 10 IoT Core 用のサンプルプログラムは多数用意されています。サンプルプログラムは Web サイト（https://github.com/ms-iot/samples/tree/master や https://github.com/Microsoft/Windows-iotcore-samples）などに存在します。あるいは、Windows 10 IoT Core Dashboard の下部に存在する「他のプロジェクトとチュートリアルを見る」をクリックします。

図3.9●「他のプロジェクトとチュートリアルを見る」をクリック

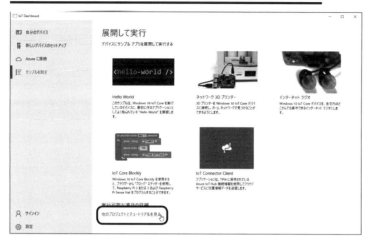

　サンプルの存在するページが表示されますので、右上の方に［Download ZIP］ボタンをクリックし、サンプルの一式をダウンロードします。Web サイトのデザインは日々変わっていますので、書籍の内容と実際の内容が異なる場合もあります。

図3.10●［Download ZIP］ボタンをクリック

　この例では「develop」を選んでいますが、安定しているサンプルを使用したかったら「master」を選ぶと良いでしょう。一般的にはデフォルトのサンプルで構いませんが、特別に選びたい場合は［Branch］をクリックし、自身の目的に合ったものを選択してください。developだけでなく、masterもダウンロードすることを勧めます。

　［Download ZIP］ボタンをクリックすると、操作を案内するウィンドウが下部に現れますので、［保存］を選びます。

図3.11●［保存］を選ぶ

　ダウンロードが完了したら、［フォルダーを開く］ボタンをクリックします。

図3.12●［フォルダーを開く］ボタンをクリックする

　するとダウンロードしたファイルが含まれるフォルダーが現れます。

図3.13●ダウンロードしたファイルが含まれるフォルダーが現れる

　このダウンロードしたzipファイルを適切な場所へ移動し、解凍します。

■サンプルプログラムのライセンス

　Windows 10 IoT Core用のサンプルプログラムは、MITライセンスが採用されています。緩いライセンスですが、最低限の制限はありますので、下記に全文を紹介します。各プロジェ

クトには、この全文が格納された LICENSE.txt が含まれています。オリジナルのサンプルを改変するときに、このファイルを削除しないように気を付けましょう。また、サンプルプログラムの一部を再利用する場合も、このファイルを同梱するか、ソースファイルの重要な部分に、下記の表記を行うと良いでしょう。いずれにしても、ライセンスに関しては自身で文章を読んで、違反しないようにしてください。

■サンプルプログラムの実行

　ダウンロードしたサンプルプログラムを Raspberry Pi で実行してみましょう。以降に一連の流れを示します。まず、解凍したファイルを参照します。サンプルプログラムを展開したフォルダー以下の ¥samples-master¥HelloWorld¥CS¥ を開き、そこに含まれる HelloWorld.sln をダブルクリックするか Visual Studio でソリューションファイルを

読み込みます。¥samples-master¥HelloWorld¥CS¥ の部分はダウンロードしたサンプルによって異なります。最新のサンプルを使用した場合は ¥Windows-iotcore-samples-develop¥Samples¥HelloWorld¥CS を使用してください。なお、サンプルを壊したくないときは、プロジェクトごとコピーし、それを使用しましょう。

図3.14●サンプルプロジェクトを開く

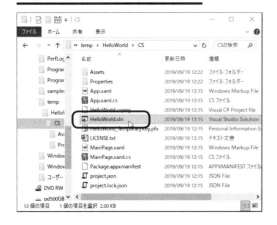

Visual Studio からソリューションファイルを読み込もうとすると、警告が表示される場合があります。インターネットからダウンロードしたファイルを開こうとするため、セキュリティの警告が現れます。問題はないので、構わずに［OK］をクリックします。

図3.15●セキュリティ警告ダイアログ

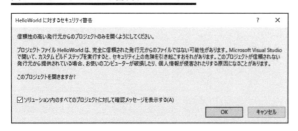

このとき、「開発者用ライセンス」ダイアログが表示される場合があります。このようなアプリケーションを開発するために、Windows 10 を開発者モードに変更する必要があります。スタートメニューの設定から辿って変更することもできますが、ここでは表示されたダイアログ内にある「開発者向け設定」をクリックするか、「設定」→「更新とセキュリティ」を選びます。
左側の「開発者向け」を選び、右側の「開発者モード」をクリックします。

図3.16●「更新とセキュリティ」で開発者モードを選択

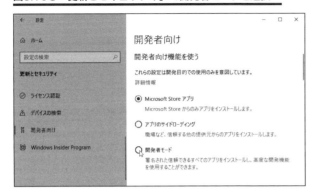

　確認の表示が現れるので構わず［OK］をクリックして、Windows 10 を開発者モードに変更します。

図3.17●開発者向け機能を使う

　すると先の画面に戻り、設定が「開発者モード」に変わります。

図3.18●開発者モードに変更後の様子

　さて、これでやっとアプリケーションの開発が可能な状態になりました。まずは、ローカル

で実行してみましょう。[Debug]-[x64]の状態で右向きの三角をクリックします。

図3.19●ローカルで実行

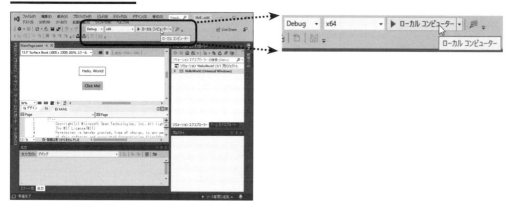

　PC の性能やネットワーク環境などに依存しますが、比較的待たされます。しばらくすると
アプリケーションが起動します。[Click Me!]をクリックすると表示が変わります。

図3.20●動作の様子（ローカルで実行）

　次に Raspberry Pi で動作させてみましょう。Raspberry Pi を LAN に接続し、Windows 10
IoT Core が起動していることを確認してください。PC から通信できているかを確認するには、
Windows 10 IoT Core Dashboard の「自分のデバイス」に対象の Raspberry Pi が表示されて
いれば大丈夫です。

　なお、Visual Studio やリモートと連携する処理には時間を要するため、少々待たされるこ
とがあります。特に、一回目の操作ではしばらく反応しない場合もあります。すぐに反応がな
くても慌てず、何らかのメッセージが現れるまで我慢して待ちましょう。処理時間は、使用し
ている PC やネットワーク環境に依存します。

　Raspberry Pi の起動が確認できたら、［x64］を［ARM］へ変更します。［x64］は［x86］の場合もありますが、必ず［ARM］へ変更してください。そして、［リモートコンピューター］をクリックします。

図3.21●［リモートコンピューター］をクリック

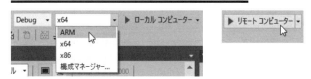

　すると、「リモート接続」が表示されます。自動検出された場合は、minwinpc とその IP アドレスが表示されます（「minwinpc」はデフォルトの名前です。変更している場合は変更後の名前が表示されます）。minwinpc をクリックすると、認証に関する警告が表示されますが、構わず［選択］をクリックします。

図3.22●リモート接続

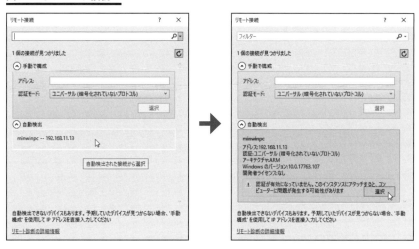

　リモートコンピューターが自動検出されない場合は、IP アドレスなどを入力し、手動で接続してください。

図3.23●手動で接続

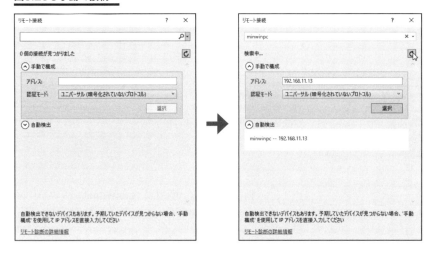

　すでに同じアプリケーションを配置していると、「既存のアプリケーションがアンインストールされます」と警告が出る場合がありますが、構わず続行してください。

図3.24●既存のアプリケーションをアンインストール

　すると、先ほどのプログラムが Raspberry Pi で動作します。ホストで実行したときと同じように、[Click Me!] をクリックすると表示が変わります。

図3.25●動作の様子（リモートで実行）

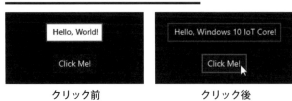

クリック前　　　　　　　　クリック後

Visual Studio のデバッグ停止をクリックすると、アプリケーションは終了します。

図3.26●停止

更新とセキュリティ

「更新とセキュリティ」を事前に変更したい、あるいは Windows 10 IoT Core の作業を
終えて元に戻したいという場合は、次図に示す手順で「更新とセキュリティ」画面を表示し、
設定を変更します。この図では、「Microsoft Store アプリ」を選んでいますが、「アプリの
サイドローディング」を選ぶのが良いでしょう。確実に元の状態へ戻すには、開発モードへ
変更する前の状態を記憶しておき、その状態へ戻すのをお勧めします。

図3.27●スタートメニューの［設定］から「更新とセキュリティ」画面を表示

　以上で Visual Studio で開発したアプリケーションを Raspberry Pi で動作させる基本の説明
は完了です。

■ Visual Studio のインストールが不十分

　Visual Studio のインストールで十分な機能をインストールしていないと、プロジェクトが
アンロードされてしまう場合があります。

図3.28●プロジェクトがアンロード

　そのような場合は、プロジェクトを選択した状態で、マウスの右ボタンを押します。すると、メニューが現れますので、「インストールされていない機能のインストール」を選んでください。

図3.29●インストールされていない機能のインストール

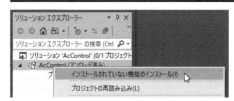

　すると、自動で足りない機能がインストールされます。

図3.30●足りない機能がインストールされる

3.3　新規開発の HelloWorld

　前節の例は単にサンプルを動作させるだけでしたが、この節では、ゼロから新規に開発した
プログラムを Raspberry Pi で動作させる一連の手順を説明します。ここで紹介するプログラ
ムは画面に文字を表示するだけの単純なものですが、Windows 10 IoT Core 用のプログラム
を独自に新規開発する一連の作業を学習するにはちょうど良いでしょう。

　まず、Visual Studio のメニューから［新規作成］→［プロジェクト］を選択して、新規の
プロジェクトを作成します。

図3.31●［新規作成］→［プロジェクト］を選択

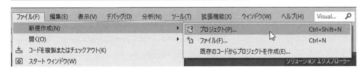

　「新しいプロジェクト」が表示されますが、たくさんのテンプレートが表示されるため「言語」
で C# を、「プロジェクトの種類」で「UWP」を選びます。そして、表示されるテンプレート
中から「空白のアプリ（ユニバーサル Windows）」を選択してください。

図3.32●「空白のアプリ（ユニバーサルWindows）」を選択

　プロジェクト名に「HelloWorld」と入力します。名前は何でも構いませんが、これがプロジェクト名となります。

図3.33●新しいプロジェクトの構成

　プラットフォームのバージョンが表示されます。ターゲットバージョンが実際のバージョンと異なる場合、開発したプログラムをターゲットへ配置できなくなる場合があります。そのような場合は再ターゲットを行えば解決できます。これについては付録を参照してください。ここでは、プラットフォームバージョンとターゲットバージョンに矛盾がないと考え、[OK]ボタンをクリックします。

図3.34●ターゲットプラットフォームと最小プラットフォームのバージョン

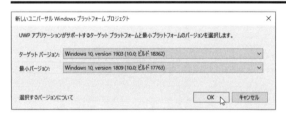

　すると、プロジェクトが自動で生成され、以下のような画面に変わります。

図3.35●プロジェクト作成直後の画面

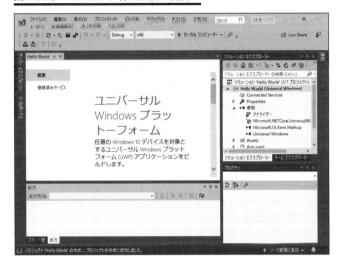

　このまま何の手も加えず、プログラムを実行してみます。ローカルコンピューターの右向き
の三角形をクリックします。正常にビルドされ、実行まで進みます。ウィンドウタイトルに
「Hello World」と表示された真っ白なウィンドウが現れます。

図3.36●ビルドと実行

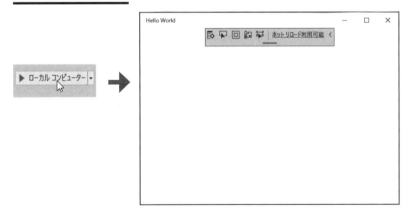

実行中の Visual Studio には各種情報が表示されます。

図3.37●実行中のVisual Studioの画面

問題なさそうなので、Raspberry Pi で実行してみましょう。Raspberry Pi を LAN に接続し、Windows 10 IoT Core が起動していることを確認してください。構成の ［x64］ を ［ARM］ へ、［Device］ を ［リモートコンピューター］ へそれぞれ変更します。

図3.38●実行設定の変更

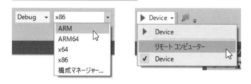

リモートコンピューターで実行しようとすると、「リモート接続」が表示されます。自動検出に minwinpc が現れていたら、それを選択します。自動検出できていなかったら、IP アドレスを入力して ［選択］ をクリックします。

図3.39●「リモート接続」画面

その状態で右向きの三角をクリックすると正常にビルドされ、Raspberry Pi で動作します。Raspberry Pi に接続された画面に次図のように表示が行われます。

図3.40●実行

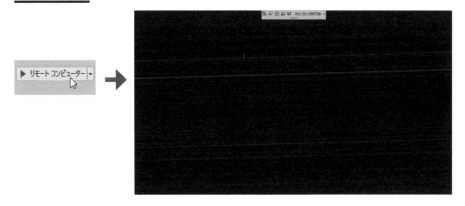

PC 側の Visual Studio に戻り、停止ボタンを押せば実行を停止することができます。

図3.41●停止ボタン

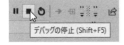

次に、「Hello, World!」の文字列を表示させてみましょう。ソリューションエクスプローラー

に存在する MainPage.xaml をダブルクリックすると、上部に画面デザインが、その下に xaml
のソースが現れます。

図3.42●MainPage.xamlの表示

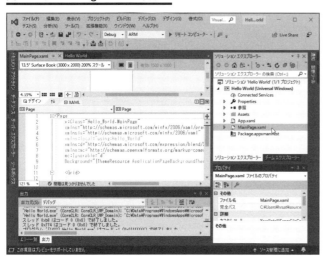

自動で生成された MainPage.xaml を示します。

リスト 3.1 ● MainPage.xaml

```
<Page
    x:Class="HelloWorld.MainPage"
    xmlns="http://schemas.microsoft.com/winfx/2006/xaml/presentation"
    xmlns:x="http://schemas.microsoft.com/winfx/2006/xaml"
    xmlns:local="using:HelloWorld"
    xmlns:d="http://schemas.microsoft.com/expression/blend/2008"
    xmlns:mc="http://schemas.openxmlformats.org/markup-compatibility/2006"
    mc:Ignorable="d"
    Background="{ThemeResource ApplicationPageBackgroundThemeBrush}">

    <Grid>

    </Grid>
</Page>
```

これの <Grid ...> の次の行に以下のコードを追加します。

リスト 3.2 ●追加コード

```
<StackPanel HorizontalAlignment="Center" VerticalAlignment="Center">
    <TextBox x:Name="Message" Text="Hello, World!" Margin="10" IsReadOnly="True"/>
</StackPanel>
```

　以降に、コードを追加した xaml を示します。MainPage.xaml を編集したため、GUI が変更されます。以降に追加したコードと、GUI の状態を示します。

リスト 3.3 ●コードを追加した MainPage.xaml

```
<Page
    x:Class="HelloWorld.MainPage"
    xmlns="http://schemas.microsoft.com/winfx/2006/xaml/presentation"
    xmlns:x="http://schemas.microsoft.com/winfx/2006/xaml"
    xmlns:local="using:HelloWorld"
    xmlns:d="http://schemas.microsoft.com/expression/blend/2008"
    xmlns:mc="http://schemas.openxmlformats.org/markup-compatibility/2006"
    mc:Ignorable="d"
    Background="{ThemeResource ApplicationPageBackgroundThemeBrush}">

    <Grid>

        <StackPanel HorizontalAlignment="Center" VerticalAlignment="Center">
            <TextBox x:Name="Message" Text="Hello, World!" Margin="10"
                                                IsReadOnly="True"/>
        </StackPanel>

    </Grid>
</Page>
```

図3.43●コード追加後のGUI

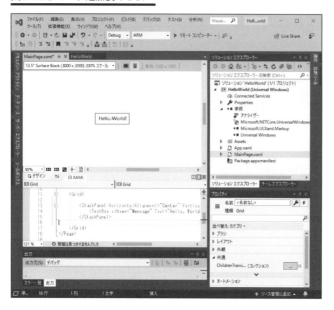

　このプロジェクトをリモートコンピューターで実行すると、画面の中央に「Hello, World!」の文字列が表示されます。

図3.44●コード変更後の実行結果

　独自に新規開発したアプリケーションを Raspberry Pi で動作させる説明は完了です。ここまで理解すれば、Windows 10 IoT デバイス用のアプリケーションを、Visual Studio で開発する方法が身に付いたことになります。アプリケーションのデバッグなどは、通常の C# プログラム開発と同じです。ステップ実行や、変数の値の参照、ブレークポイントの設定など、一般的な Windows アプリケーションプログラム開発と変わりません。Windows でプログラミングしていた開発者にとって、Raspberry Pi 用の IoT アプリケーション開発で戸惑うことはないでしょう。

4

LED 点滅

外部の機器を制御する最初のプログラムを紹介します。Raspberry Pi の GPIO を使って LED を点滅（ブリンク）させます。組み込みプログラムなどで最初に試す、いわゆる「L チカ」と呼ばれるプログラムです。

4.1 サンプルプログラムの実行

ダウンロードしたサンプルプログラムには LED を点滅させるプロジェクトが含まれています。サンプルプログラムを展開したフォルダにある samples¥samples-master¥Blinky¥CS、あるいは ¥Samples¥HelloBlinky¥CS フォルダを開き、その中に含まれる Blinky.sln をダブルクリックするか Visual Studio からソリューションファイルを読み込みます。これまでの手順に従い Raspberry Pi で実行すると、LED がブリンキングします。

ダウンロードしたサンプルプログラムを、そのままビルドしようとすると「'Windows IoT Extension SDK' が見つからない」旨のメッセージが表示され、ビルドに失敗するときがあります。これは、バージョン 17134 を超える SDK には、'Windows IoT Extension SDK' は存在しないためです。'Windows IoT Extension SDK' に含まれていた API は、メインの UWP SDK にマージされたため、'Windows IoT Extension SDK' への参照を削除する必要があります。以

降に、'Windows IoT Extension SDK' の削除例を示します。

図4.1●'Windows IoT Extension SDK'への参照を削除

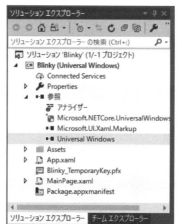

　プログラム実行に先立ち、Raspberry Pi に LED を接続する必要があります。以降に、Raspberry Pi のピンヘッダの配置を示します。サンプルに含まれるプログラムは GPIO の 5 番を使用します。Raspberry Pi 2 と 3 のピン配置は少し異なりますので、詳細については 4.3 節「Raspberry Pi 2 と 3 のピン配置」を参照してください。本書で扱うプログラムは、Raspberry Pi 2 と 3 で機能が異なる GPIO ピンは使用しませんので、本書のプログラムを学習するだけなら、当面 Raspberry Pi 2 と 3 で機能の異なるピンに注意を払う必要はありません。

図4.2●Raspberry Piのピンヘッダ配置

Alternate Function		Pin				Pin		Alternate Function
	3.3V PWR	1			2	5V PWR		
I2C1 SDA	GPIO 2	3			4	5V PWR		
I2C1 SCL	GPIO 3	5			6	GND		
	GPIO 4	7			8	Reserved		
	GND	9			10	Reserved		
SPI1 CSO	GPIO 27	11			12	GPIO 18		
	GPIO 27	13			14	GND		
	GPIO 22	15			16	GPIO 23		
	3.3V PWR	17			18	GPIO 24		
SPI0 MOSI	GPIO 10	19			20	GND		
SPI0 MISO	GPIO 9	21			22	GPIO 25		
SPI0 SCLK	GPIO 11	23			24	GPIO 8	SPI0 CS0	
	GND	25			26	GPIO 7	SPI0 CS1	
	Reserved	27			28	Reserved		
	GPIO 5	29			30	GND		
	GPIO 6	31			32	GPIO 12		
	GPIO 13	33			34	GND		
SPI0 MISO	GPIO 19	35			36	GPIO 16	GPIO 16	
	GPIO 25	37			38	GPIO 20	SPI1 MOSI	
	GND	39			40	GPIO 21	SPI1 SCLK	

　ピンの機能は設定で変更できます。正確なピンアサインメントは、公式サイト（https://www.raspberrypi.org/）や米マイクロソフト社のIoTサイトを参照してください。公式サイトのドキュメントのRaspberry Pi DocumentationのHardware（https://www.raspberrypi.org/documentation/hardware/）には、各タイプのRaspberry Piの回路図まで公開されています。

　使用するLEDなどは、通販サイトで購入できます。ここでは外部抵抗が不要な抵抗内蔵のLEDを使用します。このようなLEDは、秋月電子通商など多数のサイトで購入可能です。抵抗が内蔵されていないLEDを使用する際は、外部に抵抗を接続する必要があります。購入するものはLED、ブレッドボード、そして抵抗などです。ここでは、抵抗内蔵のLEDとジャンパー線を使用します。ジャンパー線などは、オス - オス／オス - メス／メス - メスなどが同梱されたものがAmazon社や各電子部品販売サイトで購入できます。今回は、オス - オス／オス - メス／メス - メスが同梱され、それぞれ40本が束になったものを購入しました。メス - メスだけであれば200円以下で購入できます。

図4.3● LEDとジャンパー線

■部品参考

抵抗内蔵 LED「OSR6LU5B64A-5V」10 個：120 円（秋月電子通商、送料別途）

ブレッドボード・ジャンパーワイヤ 20cm、40 本：160 円（Amazon、送料無料）

この LED は以降に示すように、抵抗が内蔵されています。図から分かるように足の長い方を電源（＋）へ、足の短い方をグランド（－）へ接続すると、LED は発光します。ここでは、メス - メスのジャンパー線を 2 本使用し、片側に LED の足を差し込み、もう一方をRaspberry Pi の端子へ差し込みます。LED の足はジャンパー線の穴に比べ、若干細いので接触が甘いです。LED の足を微妙に曲げて差し込むと良いでしょう。しっかり接続したいなら、ジャンパー線を切って、LED を半田付けしても良いでしょう。以降に、今回採用した方法を示します。まず、LED を示します。プラス側とマイナス側があります。

図4.4●抵抗内蔵LED

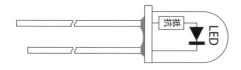

メス - メスのジャンパーを 2 本使って LED を Raspberry Pi へ接続します。まず、LED をジャンパーに接続した様子を示します。ジャンパーを 2 本使い、片側をマイナスに使用します。分かりやすいように黒と白を使い、白をプラス側、黒をマイナス側とします。

図4.5●LEDをジャンパーに接続

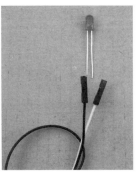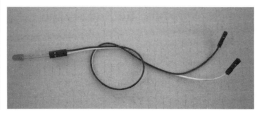

　図に示すように、LEDの足の短い方を黒い線につなぎ、足の長い方を白い線につなぎます。差し込んだ様子と、全体を示します。LEDの反対側の黒をRaspberry PiのGPIO 5（29番端子）へ、白を3.3V（1番端子）へ接続します。

図4.6●LEDとRaspberry Piの接続

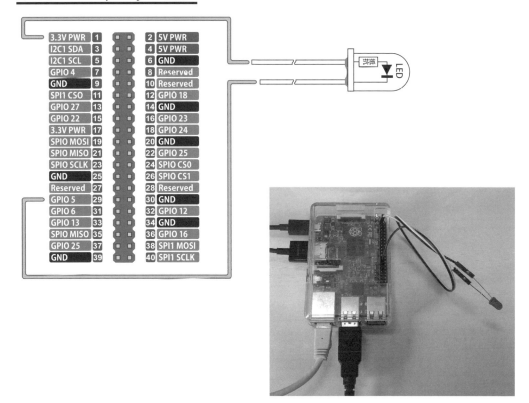

　これで LED の接続は完了です。この状態で、先のプログラムを実行すると LED が点滅します。

動作しない

　サンプルに手を加えず動作させようとしても、何らかのエラーが発生し動作できない場合があります。そのような際は、ダウンロードしたファイルのプロパティが Read Only に設定されている場合がありますので、書き込みできるように変更してください。また、ビルドする前にクリーンし、リビルドを行うのも有効です。あるいは、一旦 Device を選び、再度リモートコンピューターを選びなおすなど設定を変化させるのも有効です。いずれにしても、このような外部デバイスを利用するような開発では、環境が不安定になったり、環境に不具合がなくても動作しないときがあります。問題に遭遇したら、簡単にあきらめず、試行錯誤を行ってください。なお、動作しない、あるいはエラーが表示される主要な原因の解決法を付録にいくつかまとめてありますので、そちらも参照してください。

4.2　新規開発

　同様のプログラムを自身で開発してみましょう。すでに 3.3 節「新規開発の HelloWorld」を経験済みですので、Raspberry Pi で動作するプログラムの開発に問題はないでしょう。ここでは、さらに GPIO を制御する方法を学びます。

　新規のプロジェクトを作成します。[新規作成] → [プロジェクト] を選択します。「新しいプロジェクト」が表示されますので、「言語」で C# を、「プロジェクトの種類」で「UWP」を選びます。そして、表示されるテンプレートから「空白のアプリ（ユニバーサル Windows）」を選択します。プロジェクト名に「Blink」と入力して [OK] ボタンを押します。

図4.7●新規プロジェクト

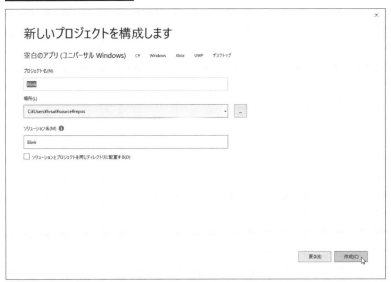

するとプロジェクトが自動で生成されます。自動で生成された MainPage.xaml を示します。

リスト 4.1 ● MainPage.xaml

```
<Page
    x:Class="Blink.MainPage"
    xmlns="http://schemas.microsoft.com/winfx/2006/xaml/presentation"
    xmlns:x="http://schemas.microsoft.com/winfx/2006/xaml"
    xmlns:local="using:Blink"
    xmlns:d="http://schemas.microsoft.com/expression/blend/2008"
    xmlns:mc="http://schemas.openxmlformats.org/markup-compatibility/2006"
    mc:Ignorable="d"
    Background="{ThemeResource ApplicationPageBackgroundThemeBrush}">

    <Grid>

    </Grid>
</Page>
```

これの <Grid ...> の次の行に以下のコードを追加します。

リスト 4.2 ●追加コード

```
<StackPanel HorizontalAlignment="Center" VerticalAlignment="Center">
    <Ellipse x:Name="LED" Fill="Gray" Stroke="LightGray" Width="150" Height="150"
                                                           Margin="20"/>
    <TextBlock x:Name="DelayTime" Text="dummy" Margin="10" TextAlignment="Center"
                                                           FontSize="29.333" />
    <TextBlock x:Name="GpioStatus" Text="Waiting to initialize GPIO..."
                Margin="10,50,10,10" TextAlignment="Center" FontSize="26.667" />
</StackPanel>
```

　コードを追加した状態を示します。MainPage.xaml を編集したため、GUI が表示されます。以降に追加したコードと、GUI の状態を示します。ここでは、XAML を直接編集しましたが、ツールボックスから部品をドラッグしても構いません。細かな設定は、プロパティを変更して設定できます。XAML のみで GUI を完成させるか、ツールボックスとプロパティを使うかは、個人の好みでしょう。

図4.8 ●コード追加後の状態

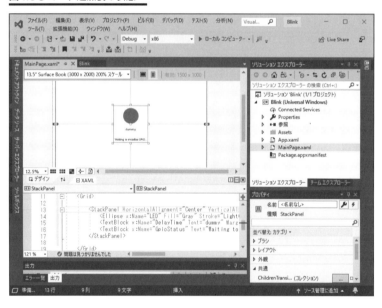

　さらに、MainPage.xaml.cs を編集し、GUI と GPIO を制御します。まず、自動で生成された MainPage.xaml.cs を示します。

図4.9● MainPage.xaml.cs

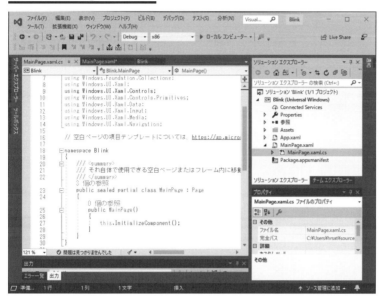

リスト 4.3 ●自動で生成された MainPage.xaml.cs

```
using System;
using System.Collections.Generic;
using System.IO;
using System.Linq;
using System.Runtime.InteropServices.WindowsRuntime;
using Windows.Foundation;
using Windows.Foundation.Collections;
using Windows.UI.Xaml;
using Windows.UI.Xaml.Controls;
using Windows.UI.Xaml.Controls.Primitives;
using Windows.UI.Xaml.Data;
using Windows.UI.Xaml.Input;
using Windows.UI.Xaml.Media;
using Windows.UI.Xaml.Navigation;

// 空白ページの項目テンプレートについては、
        └ https://go.microsoft.com/fwlink/?LinkId=402352&clcid=0x411 を参照してください

namespace Blink
{
    /// <summary>
```

```
        /// それ自体で使用できる空白ページまたはフレーム内に移動できる空白ページ。
        /// </summary>
        public sealed partial class MainPage : Page
        {
            public MainPage()
            {
                this.InitializeComponent();
            }
        }
}
```

これを編集したソースリストを示します。

リスト 4.4 ●編集した MainPage.xaml.cs

```
using System;
using System.Collections.Generic;
using System.IO;
using System.Linq;
using System.Runtime.InteropServices.WindowsRuntime;
using Windows.Foundation;
using Windows.Foundation.Collections;
using Windows.UI.Xaml;
using Windows.UI.Xaml.Controls;
using Windows.UI.Xaml.Controls.Primitives;
using Windows.UI.Xaml.Data;
using Windows.UI.Xaml.Input;
using Windows.UI.Xaml.Media;
using Windows.UI.Xaml.Navigation;

using Windows.Devices.Gpio;

namespace Blink
{
    /// <summary>
    /// それ自体で使用できる空白ページまたはフレーム内に移動できる空白ページ。
    /// </summary>
    public sealed partial class MainPage : Page
    {
        private const int LED_PIN = 5;
        private const int LED_BLINK_INTERVAL = 1000;
        private GpioPin pin;
```

```
    private GpioPinValue pinValue;
    private DispatcherTimer timer;
    private SolidColorBrush redBrush = new SolidColorBrush(
                                        ┗ Windows.UI.Colors.Red);
    private SolidColorBrush grayBrush = new SolidColorBrush(
                                        ┗ Windows.UI.Colors.LightGray);


public MainPage()
{
    this.InitializeComponent();

    timer = new DispatcherTimer();
    timer.Interval = TimeSpan.FromMilliseconds(LED_BLINK_INTERVAL);
    timer.Tick += Timer_Tick;
    InitGPIO();
    if (pin != null)
    {
        timer.Start();
    }
    DelayTime.Text = timer.Interval.TotalMilliseconds.ToString() + " ms";
}


private void InitGPIO()
{
    var gpio = GpioController.GetDefault();

    if (gpio == null)
    {
        pin = null;
        GpioStatus.Text = "There is no GPIO controller on this device.";
        return;
    }

    pin = gpio.OpenPin(LED_PIN);
    pinValue = GpioPinValue.High;
    pin.Write(pinValue);
    pin.SetDriveMode(GpioPinDriveMode.Output);

    GpioStatus.Text = "GPIO pin initialized correctly.";
}


private void Timer_Tick(object sender, object e)
{
    if (pinValue == GpioPinValue.High)
```

```
        {
            pinValue = GpioPinValue.Low;
            pin.Write(pinValue);
            LED.Fill = redBrush;
        }
        else
        {
            pinValue = GpioPinValue.High;
            pin.Write(pinValue);
            LED.Fill = grayBrush;
        }
    }
  }
}
```

　まず、GPIO を制御しますので「using Windows.Devices.Gpio;」を追加します。コンストラクタの MainPage メソッドに、タイマーの生成や GPIO 初期化コードを追加します。InitGPIO メソッドは、GPIO を初期化し、使用するピンの設定を行います。Timer_Tick メソッドは周期的に呼び出されるメソッドです。このメソッドは、GUI の変更と、GPIO のピン制御を行います。

　この状態でプログラムを実行してみます。ローカルコンピューターの右向きの三角形をクリックすると正常にビルドされ、実行まで進みます。ローカルコンピューターで実行すると GPIO 初期化に失敗しますので、その旨のメッセージが表示されます。

図4.10●ローカルコンピューターで実行

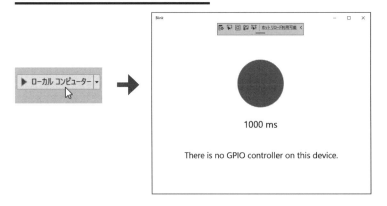

　問題なさそうなので、Raspberry Pi で実行してみましょう。Raspberry Pi を LAN に接続し、

Windows 10 IoT Core が起動していることを確認してください。Raspberry Pi で動作させるには、[x86] を [ARM] へ、[Device] を [リモートコンピューター] へそれぞれ変更します。この状態で「リモートコンピューター」の右にある三角をクリックします。正常にビルドされ、Raspberry Pi で動作します。Raspberry Pi に接続された画面に以下のような表示が行われます。

図4.11●Raspberry Piで実行（画面）

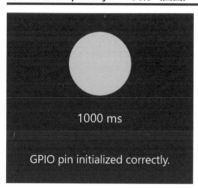
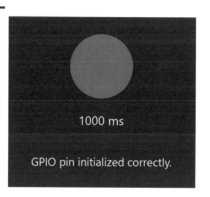

同時に、接続された LED が一定の周期で点滅します。

図4.12●Raspberry Piで実行（LED）

念のため、GPIO の端子番号やインターバルタイムを変更してみましょう。変更するのは下記の 2 行のみです。

```
private const int LED_PIN = 6;
private const int LED_BLINK_INTERVAL = 100;
```

　GPIO を 6 番へ、そしてインターバルタイムを 100 ミリ秒へ変更します。まず、Raspberry Pi の GPIO の 29 番端子につながっている黒い線を 31 番端子（GPIO 6）へつなぎ直します。これで実行すると、先ほどに比べ 10 倍の速度で点滅します。

図4.13●29番端子から31番端子につなぎ直す

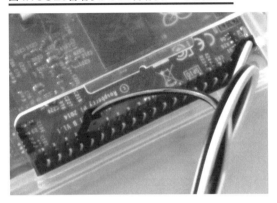

　ここまで習得できれば、Raspberry Pi のプログラム開発や、GPIO の制御の基礎は学習できたことになります。

4.3　Raspberry Pi 2 と 3 のピン配置

　Raspberry Pi 2 と Raspberry Pi 3 は J8 に 40 ピンのヘッダーを外部インターフェースとして用意しています。このピンには以下のような機能が割り振られています。

図4.14●Raspberry Piのピンヘッダの配置

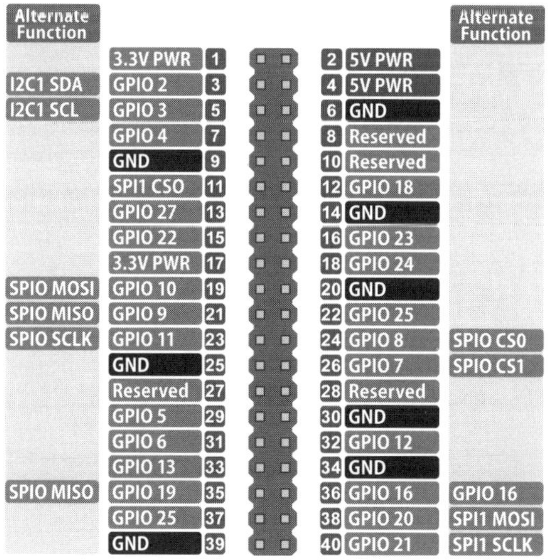

Alternate Function						Alternate Function
	3.3V PWR	1	2	5V PWR		
I2C1 SDA	GPIO 2	3	4	5V PWR		
I2C1 SCL	GPIO 3	5	6	GND		
	GPIO 4	7	8	Reserved		
	GND	9	10	Reserved		
	SPI1 CS0	11	12	GPIO 18		
	GPIO 27	13	14	GND		
	GPIO 22	15	16	GPIO 23		
	3.3V PWR	17	18	GPIO 24		
SPIO MOSI	GPIO 10	19	20	GND		
SPIO MISO	GPIO 9	21	22	GPIO 25		
SPIO SCLK	GPIO 11	23	24	GPIO 8	SPIO CS0	
	GND	25	26	GPIO 7	SPIO CS1	
	Reserved	27	28	Reserved		
	GPIO 5	29	30	GND		
	GPIO 6	31	32	GPIO 12		
	GPIO 13	33	34	GND		
SPIO MISO	GPIO 19	35	36	GPIO 16	GPIO 16	
	GPIO 25	37	38	GPIO 20	SPI1 MOSI	
	GND	39	40	GPIO 21	SPI1 SCLK	

表4.1●Raspberry Piのピンの機能と数

機能	数	単位
GPIO	24	ピン
SPI	2	バス
I²C	1	バス
5 V 電源	2	ピン
3.3 V 電源	2	ピン
グランド	8	ピン

以降に GPIO ピンの詳細を示します。

表4.2●GPIOピンの詳細

GPIO 番号	PullUp/PullDown	他の機能	ピン番号
2	PullUp	I2C1 SDA	3
3	PullUp	I2C1 SCL	5
4	PullUp		7
5	PullUp		29
6	PullUp		31
7	PullUp	SPIO CS1	26
8	PullUp	SPIO CS0	24
9	PullUp	SPIO MISO	21

GPIO 番号	PullUp/PullDown	他の機能	ピン番号
10	PullUp	SPI0 MOSI	19
11	PullUp	SPI0 SCLK	23
12	PullDown		32
13	PullDown		33
16	PullDown	SPI1 CS0	36
17	PullDown		11
18	PullDown		12
19	PullDown	SPI1 MISO	35
20	PullDown	SPI1 MOSI	38
21	PullDown	SPI1 SCLK	40
22	PullDown		15
23	PullDown		16
24	PullDown		18
25	PullDown		22
26	PullDown		37
27	PullDown		13
35*	PullUp		Red Power LED
47*	PullUp		Green Activity LED

＊：Raspberry Pi 2 のみです。GPIO 35 と 47 は Raspberry Pi 3 にはありません。

　GPIO ピンはプルアップ、あるいはプルダウンされています。このため、I^2C などに割り当てて使用する場合、外部でプルアップする必要はありません。外部でプルアップすると抵抗値が減ってしまい、却って動作が不安定になる場合もありますので、外部でプルアップ／プルダウンする場合は注意してください。

　また、GPIO 35 と 47 は Raspberry Pi 2 と Raspberry Pi 3 で異なります。両方で動作するプログラムを作る場合、GPIO 35 と 47 は使用しない方が無難でしょう。

4.4　Headed モードと Headless モード

　Windows 10 IoT Core は Headed モード、あるいは Headless モードへ設定できます。この2つのモードの違いは、UI が存在するかしないかです。デフォルトは、Windows 10 IoT Core は Headed モードです。Headed モードでは、UI が使用できインタラクティブな操作が

可能です。もし、UI が不要な場合、Headless モードに設定して良いでしょう。Headless モードは、余計なシステムリソースの使用を減らすことができます。

■ Headed モードと Headless モードの切り替え

　Headed モードと Headless モードの切り替えは、PowerShell から行うことができます。実際の切り替えを行う前に PowerShell の使用法を簡単に解説します。PowerShell を使えば、Windows 10 IoT Core デバイスをリモートから設定管理できます。PowerShell はコマンドラインベースのシェルです。

■ PowerShell 起動

　スタートメニューから PowerShell を起動します。まず、スタートメニューを表示した状態で「PowerShell」と入力します。すべて入力しなくても「po」などと入力した時点で、PowerShell が現れるでしょう。PowerShell が現れたらマウスの右ボタンでクリックし、[管理者として実行]を選択します。これで、ローカルコンピューターで PowerShell が管理者モードで開きます。

図4.15●PowerShellを管理者として実行

　PowerShell を起動すると「新しいクロスプラットフォームの PowerShell をお試しください」などのメッセージが現れる場合がありますが、特に問題はありませんので、そのまま進めてください。あるいは、最新の環境を使いたければ、PowerShell を最新のバージョンにアップグレードしてください。

■ WinRM サービス開始

　ローカルコンピューターでリモート接続を有効にするには、次のコマンドを入力して WinRM サービスを開始する必要があります。

```
net start WinRM
```

図4.16●コマンドを入力してWinRMサービスを開始

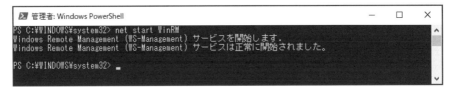

　続いて、次のコマンドを入力して Windows 10 IoT Core の IP アドレスを指定します。複数のデバイスを接続する場合、コンマ区切りで連続して入力できます。Windows 10 IoT Core の IP アドレスは Raspberry Pi に接続した HDMI ディスプレイや、Windows 10 IoT Core Dashboard に表示されます。

```
Set-Item WSMan:¥localhost¥Client¥TrustedHosts -Value <マシン名またはIPアドレス>
```

図4.17●Windows 10 IoT Coreのアドレスを指定

　コマンドを入力すると問い合わせメッセージが表示されますので、「y」を入力します。

図4.18●問い合わせメッセージ

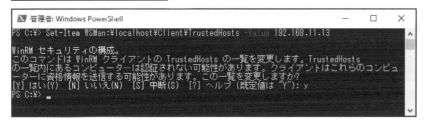

　これで、Windows 10 IoT Core デバイス上でセッションを開始できますが、ホストの IP ア
ドレスと、Windows 10 IoT Core デバイスの IP アドレスが必要です。Windows 10 IoT Core
デバイスの IP アドレスは、すでに分かっていますが、自身の IP アドレスを分かっていないと
きがありますので、ipconfig を使用して自身の IP アドレスを表示させます。

図4.19●ipconfigでIPアドレスを表示

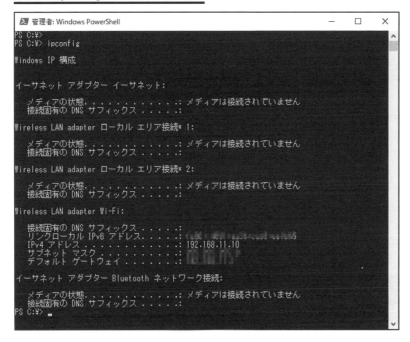

　これで Windows 10 IoT Core デバイス上でセッションを開始する準備が整いました。さっ
そく、セッションを開始するコマンドを入力します。

```
Enter-PSSession -ComputerName <マシン名またはIPアドレス>
    └ -Credential <マシン名、IPアドレスまたはlocalhost>¥Administrator
```

図4.20●セッションの開始

　すると、パスワード入力の画面が現れるので、Windows 10 IoT Core デバイスに設定した
パスワードを入力します（デフォルトから変更していなければ「p@ssw0rd」）。パスワード入
力後、接続が完了するまでしばらく待ちます。

図4.21●パスワード入力画面

　デバイスへの接続が成功すると、プロンプトにデバイスの IP アドレスが現れます。

図4.22●デバイスへ接続した状態

　この状態では、セッションが Windows 10 IoT Core デバイス上で実行されています。試し
に ipconfig を入力してみます。表示を観察するとデバイス側の情報が表示されます。

図4.23●ipconfigでデバイス側の情報を表示

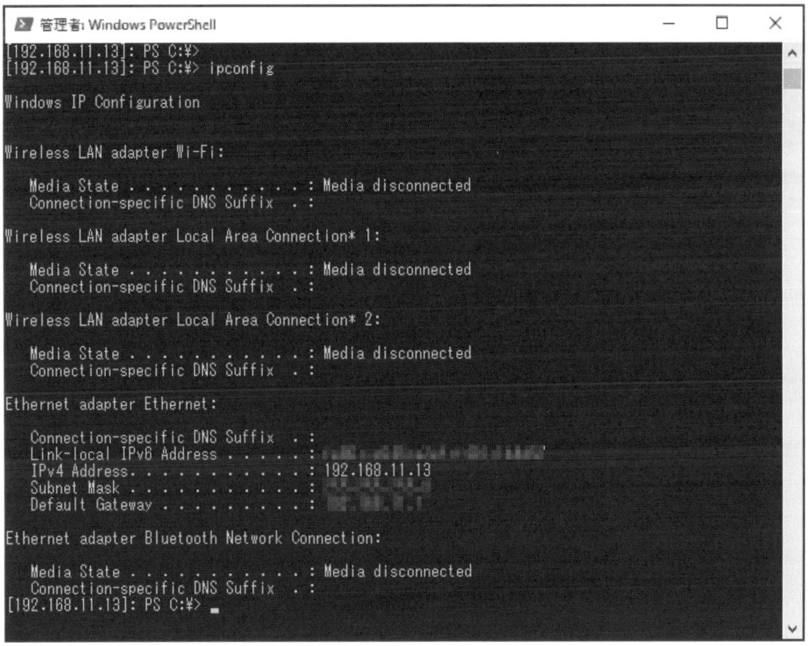

```
管理者: Windows PowerShell                                    ─    □    ×
[192.168.11.13]: PS C:¥>
[192.168.11.13]: PS C:¥> ipconfig

Windows IP Configuration

Wireless LAN adapter Wi-Fi:

   Media State . . . . . . . . . . . : Media disconnected
   Connection-specific DNS Suffix  . :

Wireless LAN adapter Local Area Connection* 1:

   Media State . . . . . . . . . . . : Media disconnected
   Connection-specific DNS Suffix  . :

Wireless LAN adapter Local Area Connection* 2:

   Media State . . . . . . . . . . . : Media disconnected
   Connection-specific DNS Suffix  . :

Ethernet adapter Ethernet:

   Connection-specific DNS Suffix  . :
   Link-local IPv6 Address . . . . . :
   IPv4 Address. . . . . . . . . . . : 192.168.11.13
   Subnet Mask . . . . . . . . . . . :
   Default Gateway . . . . . . . . . :

Ethernet adapter Bluetooth Network Connection:

   Media State . . . . . . . . . . . : Media disconnected
   Connection-specific DNS Suffix  . :
[192.168.11.13]: PS C:¥> _
```

　ここで、アカウントの変更、Visual Studio Remote Debugger のトラブルシューティングなど、Windows IoT Core デバイスの各種設定を行うことができます。

■ Headed モードと Headless モードの切り替え

　さて、セッションが Windows 10 IoT Core デバイス上で実行されていますので、Headed モードと Headless モードの切り替えを行ってみましょう。まず、現在のデバイスの状態を表示させてみましょう。

```
setbootoption
```

図4.24●現在のデバイスの状態を表示

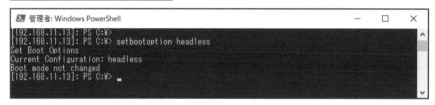

現在の状態は headed のようなので、headless モードへ変更してみましょう。

```
setbootoption headless
```

図4.25●headlessモードへ変更

変更したモードを有効にするには再起動する必要があります。

```
shutdown /r /t 0
```

図4.26●再起動する

　shutdown コマンドを入力すると、デバイスはシャットダウンされます。接続なども一旦切れますので、PowerShell で、Windows 10 IoT Core デバイスの設定を続けたいなら、再接続からやり直しが必要です。

図4.27●接続は切れている

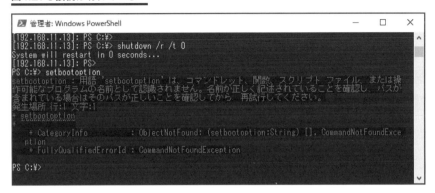

　なお、headless モードへ移行した場合、HDMI ディスプレイは何も表示されないか、起動画面の途中で止まります。ですので、Windows 10 IoT Core デバイスの IP アドレスなどを HDMI ディスプレイから読み取ることはできなくなります。今度は headless モードから headed モードへ変更してみましょう。

　headless モードへ変更したので、再度 headed モードへ戻してみましょう。Windows 10 IoT Core デバイス上で実行していたセッションは切れていますので、再接続します。

図4.28●再接続

　まず、現在のデバイスの状態を表示させてみましょう。先ほど変更したため、headless モードであるのを観察できます。

図4.29●デバイスの状態

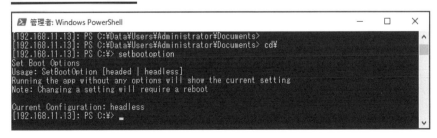

それでは、再度 headed モードへ戻してみましょう。以降にコマンドフォーマットと、実際の入力例を示します。変更したモードを有効にするには再起動する必要があります。方法は先ほどと同じです。

```
setbootoption headed
shutdown /r /t 0
```

図4.30●再起動

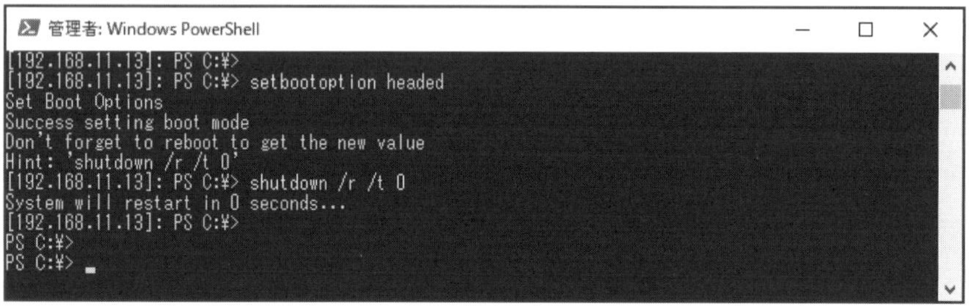

以降に、ここで示したコマンドなどを実際に入力した場合のログを示します。コマンド入力部分を太字で示します。

```
PS C:¥> net start WinRM
Windows Remote Management (WS-Management) サービスを開始します.
Windows Remote Management (WS-Management) サービスは正常に開始されました.

PS C:¥> Set-Item WSMan:¥localhost¥Client¥TrustedHosts -Value 192.168.11.13

WinRM セキュリティの構成。
このコマンドは WinRM クライアントの TrustedHosts の一覧を変更します。TrustedHosts
の一覧内にあるコンピューターは認証されない可能性があります。クライアントはこれらの
コンピューターに資格情報を送信する可能性があります。この一覧を変更しますか?
[Y] はい(Y)  [N] いいえ(N)  [S] 中断(S)  [?] ヘルプ (既定値は "Y"): y
PS C:¥>
PS C:¥> ipconfig
Windows IP 構成


イーサネット アダプター イーサネット:

   メディアの状態. . . . . . . . . . . .: メディアは接続されていません
```

```
    接続固有の DNS サフィックス . . . . .:

Wireless LAN adapter ローカル エリア接続* 1:

    メディアの状態. . . . . . . . . . . .: メディアは接続されていません
    接続固有の DNS サフィックス . . . . .:

Wireless LAN adapter ローカル エリア接続* 2:

    メディアの状態. . . . . . . . . . . .: メディアは接続されていません
    接続固有の DNS サフィックス . . . . .:

Wireless LAN adapter Wi-Fi:

    接続固有の DNS サフィックス . . . . .:
    リンクローカル IPv6 アドレス. . . . .: xxxx::xxxx:xxxx:xxxx:xxxx%5
    IPv4 アドレス . . . . . . . . . . . .: 192.168.11.10    ←ホストのIPアドレス
    サブネット マスク . . . . . . . . . .: 255.255.255.0
    デフォルト ゲートウェイ . . . . . . .: 192.168.11.1

イーサネット アダプター Bluetooth ネットワーク接続:

    メディアの状態. . . . . . . . . . . .: メディアは接続されていません
    接続固有の DNS サフィックス . . . . .:
PS C:¥>
PS C:¥> Enter-PSSession -ComputerName 192.168.11.13
                   └ -Credential 192.168.11.10¥Administrator
```

このタイミングで、パスワードを求められる。

```
[192.168.11.13]: PS C:¥Data¥Users¥Administrator¥Documents> cd¥
[192.168.11.13]: PS C:¥>
[192.168.11.13]: PS C:¥> ipconfig

Windows IP Configuration


Wireless LAN adapter Wi-Fi:

    Media State . . . . . . . . . . . : Media disconnected
    Connection-specific DNS Suffix  . :

Wireless LAN adapter Local Area Connection* 1:
```

```
   Media State . . . . . . . . . . . : Media disconnected
   Connection-specific DNS Suffix  . :

Wireless LAN adapter Local Area Connection* 2:

   Media State . . . . . . . . . . . : Media disconnected
   Connection-specific DNS Suffix  . :

Ethernet adapter Ethernet:

   Connection-specific DNS Suffix  . :
   Link-local IPv6 Address . . . . . : xxxx::xxxx:xxxx:xxxx:xxxx%7
   IPv4 Address. . . . . . . . . . . : 192.168.11.13
   Subnet Mask . . . . . . . . . . . : 255.255.255.0
   Default Gateway . . . . . . . . . : 192.168.11.1

Ethernet adapter Bluetooth Network Connection:

   Media State . . . . . . . . . . . : Media disconnected
   Connection-specific DNS Suffix  . :
[192.168.11.13]: PS C:¥>
[192.168.11.13]: PS C:¥> setbootoption
Set Boot Options
Usage: SetBootOption [headed | headless]
Running the app without any options will show the current setting
Note: Changing a setting will require a reboot


Current Configuration: headed    ←現在のモード
[192.168.11.13]: PS C:¥>
[192.168.11.13]: PS C:¥> setbootoption headless
Set Boot Options
Current Configuration: headless
Boot mode not changed
 [192.168.11.13]: PS C:¥>
[192.168.11.13]: PS C:¥> shutdown /r /t 0   ←デバイスを再起動
System will restart in 0 seconds...
```

このタイミングで、デバイスは再起動されます。headlessモードへ。

```
 [192.168.11.13]: PS>
PS C:¥> setbootoption   ←セッションが切れているためエラーとなる
setbootoption : 用語 'setbootoption' は、コマンドレット、関数、スクリプト ファイル、
または操作可能なプログラムの名前として認識されません。名前が正しく記述されている
ことを確認し、パスが含まれている場合はそのパスが正しいことを確認してから、再試行
```

```
してください。
発生場所 行:1 文字:1
+ setbootoption
+ ~~~~~~~~~~~~~
    + CategoryInfo          : ObjectNotFound: (setbootoption:String) [], CommandNot
   FoundException
    + FullyQualifiedErrorId : CommandNotFoundException


PS C:¥>
PS C:¥> Enter-PSSession -ComputerName 192.168.11.13
                    └ -Credential 192.168.11.10¥Administrator   ←再接続
[192.168.11.13]: PS C:¥Data¥Users¥Administrator¥Documents>
[192.168.11.13]: PS C:¥Data¥Users¥Administrator¥Documents> cd¥
[192.168.11.13]: PS C:¥> setbootoption
Set Boot Options
Usage: SetBootOption [headed | headless]
Running the app without any options will show the current setting
Note: Changing a setting will require a reboot

Current Configuration: headless    ←現在のモード
[192.168.11.13]: PS C:¥>
[192.168.11.13]: PS C:¥> setbootoption headed
Set Boot Options
Success setting boot mode
Don't forget to reboot to get the new value
Hint: 'shutdown /r /t 0'
[192.168.11.13]: PS C:¥> shutdown /r /t 0   ←デバイスを再起動
System will restart in 0 seconds...
```

このタイミングで、デバイスは再起動されます。headedモードへ。

■ headless モードデバイスを探す

　headless モードの Windows 10 IoT Core デバイスを探すには、Windows 10 IoT Core Dashboard アプリケーションを使用すると良いでしょう。Windows 10 IoT Core Dashboard アプリケーションを起動すると、IP アドレスをはじめとしたさまざまな Windows 10 IoT Core デバイス情報が列挙されます。

4.5 ボタンでLED制御

これまでは状態を変化させるだけでしたが、ここでは外部の状態を調べるプログラムを紹介します。外部に取り付けたスイッチの状態を観察し、その状態に従って LED を点灯、あるいは消灯させます。先にダウンロードしたサンプルに参考になるプロジェクトが含まれています。マスターサンプルプログラムの ¥samples¥samples-master¥PushButton¥CS を参考にしてください。

使用する部品は直前で使用したジャンパーと LED に加え、ブレッドボードとスイッチです。スイッチも以前紹介したサイトから購入できます。スイッチは一般にタクトスイッチと呼ばれるものを使用しますが、他のスイッチでも構いません。

図4.31●LEDとジャンパー線とスイッチ

■部品参考

- 抵抗内蔵 LED「OSR6LU5B64A-5V」10 個：120 円（秋月電子通商、送料別途）
- ブレッドボード・ジャンパーワイヤ 20cm、40 本：160 円（Amazon、送料無料）
- タクトスイッチ緑色「P-03651」1 個：10 円（秋月電子通商、送料別途）
- ブレッドボード：240 円（Amazon、送料無料）

スイッチは以降に示すように接続されています。T_1-T_3、あるいは T_2-T_4 のどちらかのペア端子を使います。ボタンを離した状態では回路はオープンです。

図4.32●スイッチ接続図

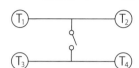

LED の配線は直前のままとし、ブレッドボードにスイッチを配置します。そしてジャンパー線のオス‐メスを使用して Raspberry Pi の端子と接続します。以降に接続写真と接続図を示します。

図4.33●接続写真と接続図

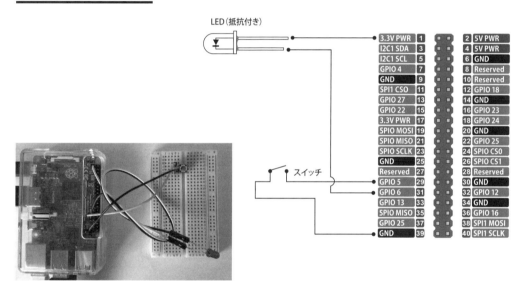

図に示すように、LED の足の短い方を GPIO 6（31 番端子）、足の長い方を 3.3V（1 番端子）へ接続します。次にスイッチのどちらの端子でも構いませんので、GPIO 5（29 番端子）へ、もう片方を GND（39 番端子など）へ接続します。なお、スイッチは T_1-T_3 あるいは T_2-T_4 の組み合わせで使用してください。例えば、T_1、T_2 を使用すると、常にクローズ状態のため動作しません。

4.6 プログラム開発

　新規のプロジェクトを作成します。［新規作成］→［プロジェクト］を選択します。「新しいプロジェクト」が表示されますので、「言語」でC#を、「プロジェクトの種類」で「UWP」を選びます。そして、表示されるテンプレート中から「空白のアプリ（ユニバーサルWindows）」を選択してください。プロジェクト名に「pushLed」と入力します。するとプロジェクトが自動で生成されます。まず、自動で生成されたMainPage.xaml.csを示します。

リスト 4.5 ●自動で生成された MainPage.xaml.cs

```csharp
using System;
using System.Collections.Generic;
using System.IO;
using System.Linq;
using System.Runtime.InteropServices.WindowsRuntime;
using Windows.Foundation;
using Windows.Foundation.Collections;
using Windows.UI.Xaml;
using Windows.UI.Xaml.Controls;
using Windows.UI.Xaml.Controls.Primitives;
using Windows.UI.Xaml.Data;
using Windows.UI.Xaml.Input;
using Windows.UI.Xaml.Media;
using Windows.UI.Xaml.Navigation;

// 空白ページの項目テンプレートについては、https://go.microsoft.com/fwlink/?LinkId=402352&
//                                          clcid=0x411 を参照してください

namespace pushLed
{
    /// <summary>
    /// それ自体で使用できる空白ページまたはフレーム内に移動できる空白ページ。
    /// </summary>
    public sealed partial class MainPage : Page
    {
        public MainPage()
        {
            this.InitializeComponent();
        }
```

```
        }
}
```

この MainPage.xaml.cs を編集します。以降に編集されたソースリストを示します。

リスト 4.6 ●編集した MainPage.xaml.cs

```csharp
using System;
using Windows.UI.Xaml.Controls;

using Windows.Devices.Gpio;


namespace pushLed
{
    public sealed partial class MainPage : Page
    {
        private const int LED_PIN = 6;
        private const int BUTTON_PIN = 5;
        private GpioPin ledPin;
        private GpioPin buttonPin;

        public MainPage()
        {
            this.InitializeComponent();

            initGPIO();
        }

        private void initGPIO()
        {
            var gpio = GpioController.GetDefault();

            // GPIO controller チェック
            if (gpio == null)
                return;

            buttonPin = gpio.OpenPin(BUTTON_PIN);
            ledPin = gpio.OpenPin(LED_PIN);

            // LED を消す
```

```
        ledPin.Write(GpioPinValue.High);
        ledPin.SetDriveMode(GpioPinDriveMode.Output);

        // プルアップ抵抗を調べ、ピン設定
        if (buttonPin.IsDriveModeSupported(GpioPinDriveMode.InputPullUp))
            buttonPin.SetDriveMode(GpioPinDriveMode.InputPullUp);
        else
            buttonPin.SetDriveMode(GpioPinDriveMode.Input);

        // チャタリング防止用のタイムアウト設定
        buttonPin.DebounceTimeout = TimeSpan.FromMilliseconds(50);

        // 状態変更のイベントメソッド登録
        buttonPin.ValueChanged += buttonPressed;
    }

    private void buttonPressed(GpioPin sender, GpioPinValueChangedEventArgs e)
    {
        if (e.Edge == GpioPinEdge.FallingEdge)
            ledPin.Write(GpioPinValue.Low);
        else
            ledPin.Write(GpioPinValue.High);
    }
    }
}
```

　本プログラムは、ボタンを押している期間だけ LED が点灯し、離せば LED は消灯します。ボタンと LED に GPIO の 5 番 6 番を使用していますが、これは他の端子でも構いません。GPIO 番号を変更したときは、それに従って配線も変更してください。

　GPIO を初期化後、OpenPin メソッドで、それぞれ番号を指定して GPIO 端子をオープンします。LED 用の GPIO 端子を SetDriveMode メソッドで出力用に指定します。スイッチ用の GPIO ポートは、プルアップをサポートしているか調べ、プルアップ機能をサポートしていたら、プルアップ入力モードを、そうでなかったら単純に入力モードへ設定します。

　ここで配線した回路は、メカニカルなスイッチに外部に何も付けず、直接 GPIO に接続しています。このため、スイッチを操作したとき、チャタリングが発生するでしょう。このままでは、スイッチを触ったときに、チャタリングによってオン／オフが繰り返されます。これを回避するプロパティが、GpioPin に用意されています。GpioPin の DebounceTimeout プロパティに 50 ミリ秒を指定します。すると、その間に検出した変化をイベントとして通知しません。

これによってチャタリングが発生し、信号がバタバタ変化してもフィルタリングされます。この時間をいくつにするかは使用するスイッチによって変更してください。長くすれば安全性が増しますが、イベントを受け取るまでの時間が遅くなり、短いボタン操作は検知できなくなります。最後に、スイッチが押されたときに呼び出されるメソッドを登録します。以降に、スイッチの動作と信号の変化を簡単に図で示します。

図4.34●スイッチの動作と信号の変化

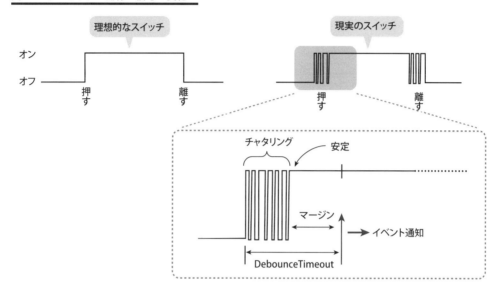

　左図に示すように、スイッチを押したときと離したときに信号レベルが1回で変化するのが理想的です。しかし、右図に示すように、現実の機械的な接点では、スイッチの操作によってチャタリングが発生するので、オン・オフが細かい周期で繰り返される不安定な状態を経て、最終的に状態が安定します。この不安定な状態を回避するために、DebounceTimeout プロパティに適切な値を設定します。

　buttonPressed メソッドは、ボタンに変化があったときに呼び出されます。引数を検査し、押されたら LED を点灯し、離されたら LED を消灯します。これによって、ボタンを押している間は LED が点灯し、ボタンを離すと LED が消灯します。

図4.35●ボタンを押して点灯、離して消灯

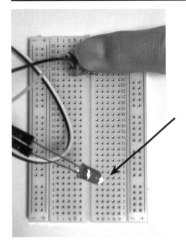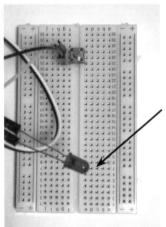

　ボタンを押しても LED が点滅しない場合、プログラムの間違い、あるいは配線の接続間違いが考えられます。最も間違う可能性の高いのは GPIO の接続先です。次に考えられるのは、LED やボタンへの接続不良です。これを目視で確認して問題ないならプログラムを疑いましょう。プログラムのデバッグは、通常の Visual Studio でホストプログラムのデバッグと同じように実施できます。構成を Debug へ設定し、ソースコードへブレークポイントを設定して、プログラムをトレースしてみましょう。例えば、本プログラムでは、ボタンを押しても LED が変化しない場合、ボタンを押したときに制御の渡る buttonPressed メソッドへブレークポイントを設定し、ボタンを押しても制御が渡ってこない場合、初期化の間違いか、配線の間違いが疑われます。

5

温度・湿度・加速度の測定

　I²C デバイスの温度、湿度、加速度センサーを利用して、温度・湿度・加速度を測定し画面に表示します。また、I²C デバイスの一般的な使用法を学びます。I²C を理解すると、いろいろなセンサーやデバイスを利用できます。本章で使用する I²C デバイス以外にも、多数の I²C 対応のモジュールやチップが存在しますので、応用は無限です。

5.1　温度センサーの利用

　I²C デバイスの温度センサーを利用して、温度を測定し画面に表示します。ここでは、温度センサーとして電子工作で利用されることの多いアナログ・デバイセズ社の ADT7410 を使用します。チップをそのまま使用すると、ピンのピッチが狭いため接続に苦労するでしょう。そこで、いつもの通販に頼ります。秋月電子通商に「ADT7410 使用 高精度・高分解能 I2C・16Bit 温度センサモジュール」（http://akizukidenshi.com/catalog/g/gM-06675/）というモジュールが用意されています。もし、URL などが変更されており見つからない場合は「ADT7410」で検索すると、同じものか類似品が見つかるでしょう。他にも多数の I²C モジュールやチップが販売されていますので、他のものを試すのも良いでしょう。購入したモジュールは、チップは基板に実装されていましたが、ピンヘッダは接続されていません。これ

はピンヘッダに他のものを使用したい場合や、モジュールを直付けしたい場合などを考慮しているのでしょう。ここでは、同梱されてきたピンヘッダを半田付けします。以降に半田付けの様子を示します。

　まず、パッケージから取り出した様子を示します。モジュールとピンヘッダは接続されていません。

図5.1●購入したモジュール

　半田付け前の準備を示します。ピンヘッダをジャンパーボードに挿し、それにモジュールを乗せます。そのままでは傾くので高さの加減が良かった 500 円玉を支えにしました。熱を逃がすのは金属が向いていますが、できれば安全を考えて絶縁物を使用した方が良いでしょう。高さの合うものを自分で探して支えにしてください。後は、半田と半田ごてが用意できれば準備完了です。

図5.2●半田付けの準備

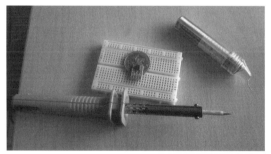

　半田付けが完了した様子を示します。端子にはランドがついていますので、初めて半田ごてを握る人でも、簡単に接続できます。

図5.3●半田付け後の様子

■接続

さて温度センサーをブレッドボードに挿せる状態になったので、Raspberry Pi の I²C と接続しましょう。接続図とその様子を次に示します。

図5.4●接続の様子

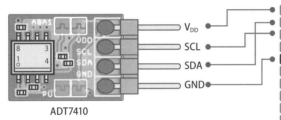

　図に示すように、ADT7410 モジュールの V_{DD} を 3.3V（1 番端子）へ、SCL を I2C1 SCL（5 番端子）へ、SDA を I2C1 SDA（3 番端子）へ、そして GND を GND（9 番端子など）へ接続します。ここではブレッドボードを使用していますが、メス‐メスのジャンパー線を利用すると、ブレッドボードを使用せず直接接続できます。

　ADT7410 モジュールの特徴を次に示します。

- アナログ・デバイセズ社の ADT7410 を実装した高精度デジタル温度センサー基板です。
- ADT7410 は高分解能 0.0078℃（16 ビット設定時）で I^2C バスに測定温度データを出力します。動作／測定温度範囲は –55℃〜 +150℃とワイドです。
- モジュール基板は動作に必要な部品がすべて実装・半田付けされ、電源、GND、SCL、SDA の 4 線を配線するだけで動作します。ブレッドボードで使用するときに便利な、ピンヘッダ（4 ピン）が付属しています。

　主な仕様を次に示します。

- 温度精度：± 0.5℃ –40℃〜 +105℃（2.7V 〜 3.6V）、± 0.4℃ –40℃〜 +105℃（3.0V）
- 温度分解能：0.0078℃（16 ビット設定時）、0.0625℃（13 ビット設定時）
- 温度校正および温度補正、直線性補正等は不要
- 動作／測定温度範囲：–55℃〜 +150℃
- 電圧範囲：DC+2.7V 〜 +5.5V
- I^2C 互換インターフェース
- 消費電流（V_{DD} = 3.3V、TA = +25℃）
- ノーマル・モード：210μA（typ）
- パワーセービング・モード（1 サンプル / 秒）：46μA（typ）
- シャットダウン・モード：2μA（typ）
- 基板サイズ：15 × 11 mm
- 基板上の入出力端子：4 個（V_{DD}、GND、SCL、SDA）

　今回は 3.3V の電源で 16 ビットモードを使用します。本センサーのアドレスはデフォルトで 0x48 です。複数の ADT7410 を接続したい場合は、アドレスバスの下位 2 ビット（A0、A1）を変更すれば 0x48 〜 0x4B の任意のアドレスを選択できます。

■プログラム開発

　新規のプロジェクトを作成します。［新規作成］→［プロジェクト］を選択します。「新しいプロジェクト」が表示されますので、「言語」でC#を、「プロジェクトの種類」で「UWP」を選びます。そして、表示されるテンプレート中から「空白のアプリ（ユニバーサルWindows）」を選択してください。プロジェクト名に「TempApp」と入力します。名前は何でも構いませんが、これがプロジェクト名となります。

図5.5●新規プロジェクト

　するとプロジェクトが自動で生成されます。自動で生成されたMainPage.xamlを編集します。これの<Grid ...> の次の行に以下のコードを追加します。直接XAMLをエディタで編集しても良いですし、Visual Studioのコンポーネントを自身で配置し、プロパティを変更しても良いでしょう。

リスト 5.1 ●追加コード

```
<TextBox x:Name="TempBox" HorizontalAlignment="Left" Margin="10,65,0,0"
    └ TextWrapping="Wrap" Text="--" VerticalAlignment="Top" Width="350"/>
<TextBlock x:Name="textBlock" HorizontalAlignment="Left" Margin="10,28,0,0"
    └ TextWrapping="Wrap" Text="計測データ" VerticalAlignment="Top"
    └ FontSize="18.667"/>
<TextBlock x:Name="Text_Status" HorizontalAlignment="Left"
```

```
  └ Margin="10,137,0,0" TextWrapping="Wrap" Text="状態: --"
  └ VerticalAlignment="Top" Width="350"/>
```

コードを追加した後のGUIの状態を示します。MainPage.xamlを編集したため、GUIが表示されます。

図5.6●コード追加後のGUIの状態

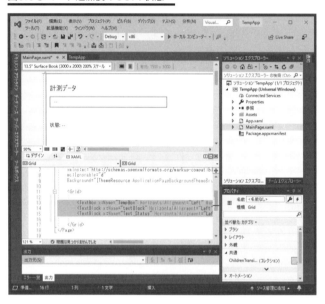

同様にMainPage.xaml.csが生成されます。このファイルを編集し、I^{2}Cの制御やGUIの表示を行います。以降に編集されたソースリストを示します。

リスト5.2●編集したMainPage.xaml.cs

```
using System;
using Windows.UI.Xaml;
using Windows.UI.Xaml.Controls;

using Windows.Devices.Enumeration;
using Windows.Devices.I2c;

// 空白ページの項目テンプレートについては、https://go.microsoft.com/fwlink/?LinkId=402352&
                                       clcid=0x411 を参照してください
```

```
namespace TempApp
{
    /// <summary>
    /// それ自体で使用できる空白ページまたはフレーム内に移動できる空白ページ。
    /// </summary>
    public sealed partial class MainPage : Page
    {
        private const byte TEMP_I2C_ADDR = 0x48;    // ADT7410 default address
        private const byte TEMP_REG_MSB = 0x00;     // offset 0 : MSB of temp
        private const byte TEMP_REG_CONFIG = 0x03;  // offset 3 : configuration
                                                    └ register
        private const int TEMP_INTERVAL = 500;      // interval time
        private I2cDevice TEMP;

        private DispatcherTimer periodicTimer;
        private int samplingCount = 0;

        public MainPage()
        {
            this.InitializeComponent();

            Unloaded += MainPage_Unloaded;

            InitI2C();
        }


        private void MainPage_Unloaded(object sender, object args)
        {
            TEMP.Dispose();
        }

        private async void InitI2C()
        {
            string aqs = I2cDevice.GetDeviceSelector();
            var dis = await DeviceInformation.FindAllAsync(aqs);
            if (dis.Count == 0)
            {
                Text_Status.Text = "No I2C controllers were found on the system";
                return;
            }
            var settings = new I2cConnectionSettings(TEMP_I2C_ADDR);
            settings.BusSpeed = I2cBusSpeed.FastMode;
            TEMP = await I2cDevice.FromIdAsync(dis[0].Id, settings);
```

```csharp
        if (TEMP == null)
        {
            Text_Status.Text = string.Format(
                "Slave address {0} on I2C Controller {1} is currently in use
                                                          └ by " +
                "another application. Please ensure that no other applications
                                                      └ are using I2C.",
                settings.SlaveAddress,
                dis[0].Id);
            return;
        }

        // 16ビットモード
        byte[] WriteBufConfig = new byte[] { TEMP_REG_CONFIG, 0x80 };

        // コンフィグ書き込み
        try
        {
            TEMP.Write(WriteBufConfig);
        }
        catch (Exception ex)
        {
            Text_Status.Text = "Cannot configuration service: " + ex.Message;
            return;
        }

        // now ready to measure to temperature. create a timer to read data.
        periodicTimer = new DispatcherTimer();
        periodicTimer.Interval = TimeSpan.FromMilliseconds(TEMP_INTERVAL);
        periodicTimer.Tick += Timer_Tick;
        periodicTimer.Start();
    }

    private void Timer_Tick(object sender, object e)
    {
        double temp = readTemp();

        TempBox.Text = String.Format(" {0:f2}°C", temp);
        Text_Status.Text = "状態: サンプリング回数 = " + samplingCount + ")";
        samplingCount++;
    }

    private double readTemp()
    {
```

```
            // Register address to read
            byte[] RegAddrBuf = new byte[] { TEMP_REG_MSB };
            byte[] buffer = new byte[2];
            TEMP.WriteRead(RegAddrBuf, buffer);

            // エンコード
            double temperature;
            if ((buffer[0] & 0x80) == 0)
                temperature = (buffer[0] * 256.0 + buffer[1]) / 128.0;
            else
                temperature = (buffer[0] * 256.0 + buffer[1] - 65536.0) / 128.0;

            return Math.Round(temperature, 2);
        }
    }
}
```

　本プログラムは、温度センサーで測定した値を画面に表示します。温度センサーは I^2C インターフェースで接続します。Windows 10 IoT Core のサンプルプログラム一式をダウンロードしましたが（https://github.com/ms-iot/samples/tree/master の方）、その中に I^2C を用いたプロジェクトがいくつか含まれています。ここでは、マスターサンプルプログラムの ¥samples-master¥I2CAccelerometer¥CS を参考にすると良いでしょう。

　InitI2C メソッドから説明します。最初の I2cDevice オブジェクト TEMP を得る部分までは、サンプルと近いコードです。名前が異なるだけで、ほぼサンプルと同様の処理を行います。これで I^2C インターフェースを使用できる環境が揃います。この部分では I^2C インターフェースが使用できること、対象デバイスとのコネクションを確立すること、そしてバススピードの設定などを行います。デバイスのアドレスが異なるくらいで、他はサンプルプログラムと同様です。

　接続が確立できたら、I2cDevice オブジェクトの Write メソッドで、センサーを 16 ビットモードに設定します。以降に本チップのレジスタ表を示します。

表5.1●ADT7410のレジスタ

レジスタアドレス	説明	デフォルト値
0x00	Temperature value most significant byte	0x00
0x01	Temperature value least significant byte	0x00
0x02	Status	0x00

レジスタアドレス	説明	デフォルト値
0x03	Configuration	0x00
0x04	T_{HIGH} setpoint most significant byte	0x20（64℃）
0x05	T_{HIGH} setpoint least significant byte	0x00（64℃）
0x06	T_{LOW} setpoint most significant byte	0x05（10℃）
0x07	T_{LOW} setpoint least significant byte	0x00（10℃）
0x08	T_{CRIT} setpoint most significant byte	0x49（147℃）
0x09	T_{CRIT} setpoint least significant byte	0x80（147℃）
0x0A	T_{HYST} setpoint	0x05（5℃）
0x0B	ID	0xCX
0x2F	Software reset	0xXX

　まず、Configuration レジスタに 0x80 を書き込みます。これは、温度分解能を 16 ビットモードで使用する設定です。MSB で 13 ／ 16 ビットを選択し、下位ビットで各種設定を行いますが、詳細はアナログ・デバイセズ社の ADT7410 のデータシートを参照してください。データシートはインターネットや電子部品販売サイトからダウンロードできます。

　次にタイマーを設定します。まず、DispatcherTimer オブジェクト periodicTimer を生成します。DispatcherTimer クラスを使用し、Timer クラスを使用しなかったのは、Timer クラスはスレッドセーフでないためです。Timer クラスを採用すると、UI を操作しようとしたときにデリゲートを使用し、Invoke しなければなりません。DispatcherTimer クラスを使用すると、イベントメソッドから UI を直接操作できるためプログラムが簡素化されます。DispatcherTimer オブジェクトを生成できたら、インターバルやイベントメソッドを登録した後、タイマーを起動します。実際の温度測定と表示は、登録したメソッドで処理します。

　Timer_Tick メソッドは DispatcherTimer オブジェクト periodicTimer の Interval プロパティに設定した周期で呼び出されるメソッドです。readTemp メソッドを呼び出し、温度をdouble 値で受け取ります。それを TextBox へ表示するとともに、測定回数を表示します。本メソッドはスレッドセーフですので UI を直接操作することができます。

　readTemp メソッドは、I2cDevice オブジェクトの WriteRead メソッドを使用し温度センサーから温度を取り出します。温度は byte[2] に格納されます。このデータをエンコードして温度を求めます。データがどのように格納されるかは、データシートを読んでください。筆者がダウンロードしたサイトには「高精度・高分解能 I2C・16Bit 温度センサモジュール」というドキュメントが用意されており、その中に「温度換算式」というデータシートの抜粋が掲載されていました。それをそのまま C# に書き換えてコード化します。結果を Math.Round で小数点 2 桁まで丸めて返します。

■実行

以前の章で説明した方法で、本プロジェクトを Raspberry Pi で動作させます。その状況を次に示します。

図5.7●Raspberry Piで実行

一定周期で温度を測定し、その値を表示します。温度の下に測定回数も表示します。

5.2 温度・湿度センサーの利用

温度センサーを変更した例を示します。先ほどの例ではアナログ・デバイセズ社のADT7410 を使用しました。今度は、Texas Instruments 社の HDC1000 を使用する例を紹介します。このセンサーは温度だけでなく湿度も測定できます。こちらも、チップをそのまま利用するのは難しいので、いつもの通販に頼ります。秋月電子通商に本チップを搭載したモジュールが用意されています。購入したモジュールは、チップは基板に実装されていましたが、ピンヘッダは接続されていませんでした。ここでは、同梱されてきたピンヘッダを半田付けします。次図はパッケージから取り出した様子です。モジュールとピンヘッダは接続されていません。

図5.8●購入したモジュール

　ピンヘッダは使用するピン数より多いため、必要な部分で折って分離し、モジュールの穴に挿して半田付けします。

図5.9●ピンヘッダの半田付け

■接続

　温度センサーにメス‐メスのジャンパー線を接続し、反対側をRaspberry Piの端子に接続します。

図5.10●センサーとRaspberry Piの接続

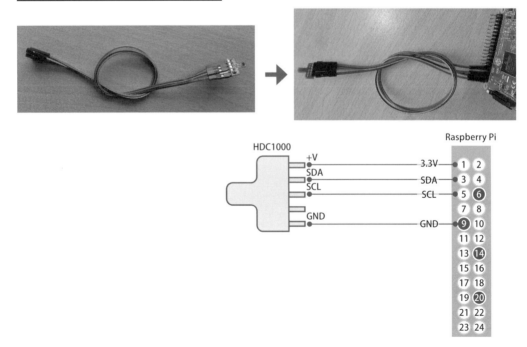

　図に示すように、HDC1000 モジュールの +V を 3.3V（1 番端子）へ、SDA を I2C1 SDA（3 番端子）へ、SCL を I2C1 SCL（5 番端子）へ、そして GND を GND（9 番端子など）へ接続します。ここでは、メス – メスのジャンパー線を利用したためブレッドボードは不要です。以降に、HDC1000 の端子番号とその機能を表で示します。

図5.11●HDC1000の端子番号と機能

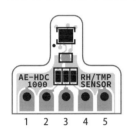

ピン番号	信号名	入出力	機能
1	+V	-	電源入力端子（3V 〜 5V）
2	SDA	双方向	I²C-Bus データ入出力端子
3	SCL	入力	I²C-Bus クロック入力端子
4	RDY (DRDYn)	出力	データ変換終了信号（終了 =L） （基板上は RDY と表記）
5	GND	-	電源グランド端子

HDC1000 モジュールの仕様を次に示します。

- 電源電圧：3V 〜 5V
- I²C クロックスピード：最大 400 kHz
- 分解能は、設定により温度 14、11、8 ビット、湿度 14、11 ビット精度を選択可能。
- スリープモード時の消費電流 200 nA（HDC1000 本体の消費電流）
  　　820nA、1 秒 1 回サンプリング、11 ビット相対湿度計測
  　　1.2μA、1 秒 1 回サンプリング、11 ビット温度、相対湿度計測
- 相対湿度（RH）レンジ：0% 〜 100%（無結露状態）計測精度± 3%
- 温度測定レンジ：–20℃〜 +85℃、計測精度± 0.2℃

　今回は HDC1000 の 4 番端子の RDY 信号は使用しません。この端子を使用すると、データが用意されたことを知ることができるため、より迅速にデータを取得できますが、今回は適切な間隔で読み取るようにします。HDC1000 の I²C アドレスは 0x40 です。

■プログラム開発

　先ほどと同様に、新規のプロジェクトを作成します。プロジェクト名に「HDC1000」と入力します。名前は何でも構いませんが、これがプロジェクト名となります。

　すると、先ほどと同様にプロジェクトが自動で生成されます。自動で生成された MainPage.
xaml を編集します。これの <Grid ...> の次の行に以下のコードを追加します。直接 XAML を
エディタで編集しても良いですし、Visual Studio のコンポーネント自身で配置し、プロパティ
を変更しても良いでしょう。

リスト 5.3 ●追加コード

```
<Grid Background="{ThemeResource ApplicationPageBackgroundThemeBrush}">
    <TextBlock x:Name="textBlock" HorizontalAlignment="Left" Margin="10,28,0,0"
        └ TextWrapping="Wrap" Text="計測データ" VerticalAlignment="Top"
        └ FontSize="18.667"/>
    <TextBox x:Name="TempBox" HorizontalAlignment="Left" Margin="10,65,0,0"
        └ TextWrapping="Wrap" Text="--" VerticalAlignment="Top" Width="350"/>
    <TextBox x:Name="HumiBox" HorizontalAlignment="Left" Margin="10,102,0,0"
        └ TextWrapping="Wrap" Text="--" VerticalAlignment="Top" Width="350"/>
    <TextBlock x:Name="Text_Status" HorizontalAlignment="Left" Margin="10,164,0,0"
        └ TextWrapping="Wrap" Text="状態: --" VerticalAlignment="Top" Width="350"/>
</Grid>
```

　コードを追加した後の GUI の状態を示します。MainPage.xaml を編集したため、GUI の表
示が変わります。本プログラムは、温度だけでなく湿度も表示するため、TextBlock を 2 つ配
置します。

図5.12●GUIの状態

同様に MainPage.xaml.cs が生成されます。このファイルを編集します。以降に編集した
ソースリストを示します。

リスト 5.4 ●編集した MainPage.xaml.cs

```csharp
using System;
using System.Linq;
using Windows.UI.Xaml;
using Windows.UI.Xaml.Controls;


using Windows.Devices.Enumeration;
using Windows.Devices.I2c;
using System.Threading.Tasks;

// 空白ページの項目テンプレートについては、https://go.microsoft.com/fwlink/?LinkId=402352&
//                                         clcid=0x411 を参照してください

namespace HDC1000
{
    /// <summary>
    /// それ自体で使用できる空白ページまたはフレーム内に移動できる空白ページ。
    /// </summary>
    public sealed partial class MainPage : Page
    {
        private const byte I2C_ADDR = 0x40;        // ADT7410 default address
        private const int INTERVAL_TIME = 1000;    // interval time
        private I2cDevice TFMPHUMI;

        private DispatcherTimer periodicTimer;
        private int samplingCount = 0;

        public MainPage()
        {
            this.InitializeComponent();

            Unloaded += MainPage_Unloaded;

            InitI2C();
        }

        private void MainPage_Unloaded(object sender, object args)
        {
            TEMPHUMI.Dispose();
```

```
        }

        private async void InitI2C()
        {
            string aqs = I2cDevice.GetDeviceSelector("I2C1");
            var dis = await DeviceInformation.FindAllAsync(aqs);
            if (dis.Count == 0)
            {
                Text_Status.Text = "No I2C controllers were found on the system";
                return;
            }
            var settings = new I2cConnectionSettings(I2C_ADDR);
            settings.BusSpeed = I2cBusSpeed.FastMode;
            settings.SharingMode = I2cSharingMode.Shared;    //
            TEMPHUMI = await I2cDevice.FromIdAsync(dis[0].Id, settings);
            if (TEMPHUMI == null)
            {
                Text_Status.Text = string.Format(
                    "Slave address {0} on I2C Controller {1} is currently in use
                                                              ∟ by " +
                    "another application. Please ensure that no other applications
                                                       ∟ are using I2C.",
                    settings.SlaveAddress,
                    dis[0].Id);
                return;
            }

            // 初期化
            try
            {
                byte[] WriteBufConfig = new byte[] { 0x02, 0x10, 0x00 };
                TEMPHUMI.Write(WriteBufConfig);
            }
            catch (Exception ex)
            {
                Text_Status.Text = "Cannot configuration service: " + ex.Message;
                return;
            }

            TEMPHUMI.Write(new byte[] { 0x00 });

            // now ready to measure to temperature. create a timer to read data.
            periodicTimer = new DispatcherTimer();
            periodicTimer.Interval = TimeSpan.FromMilliseconds(INTERVAL_TIME);
```

```
                periodicTimer.Tick += Timer_Tick;
                periodicTimer.Start();
            }

        private void Timer_Tick(object sender, object e)
        {
            Text_Status.Text = "状態: サンプリング回数 = " + samplingCount;
            samplingCount++;

            var buff = new byte[4];
            TEMPHUMI.Read(buff);

            double temp = ((buff[0] << 8) + buff[1]) / 65536.0 * 165.0 - 40.0;
            TempBox.Text = string.Format("温度: {0:f2} °C", temp);

            double humi = ((buff[2] << 8) + buff[3]) / 65536.0 * 100.0;
            HumiBox.Text = string.Format("湿度: {0:f2} %", humi);

            TEMPHUMI.Write(new byte[] { 0x00 });
        }
    }
}
```

　本プログラムは、温度・湿度センサーで測定した値を画面に表示します。温度・湿度センサーは I^2C インターフェースで接続します。

　InitI2C メソッドから説明します。I2cDevice オブジェクト TEMPHUMI を得る部分までは、これまでと同様です。名前が異なるだけで、ほぼ同様の処理を行います。この部分では I^2C インターフェースが使用できること、対象デバイスとのコネクションを確立すること、そしてバススピードの設定などを行います。デバイスのアドレスが 0x40 に変わるくらいで、他は前節と同じです。以降に、HDC1000 のレジスタマップを示します。

表5.2●HDC1000のレジスタ

アドレス	名前	説明
0x00	Temperature	温度データ
0x01	Humidity	湿度データ
0x02	Configuration	コンフィグレーション
0xFB–0xFD	Serial ID	デバイス依存
0xFE	ManufacturerID	Texas Instruments 社（0x5449）
0xFF	Device ID	HDC1000（0x1000）

　I2cDevice オブジェクト TEMPHUMI を生成できたら、Configuration レジスタ（0x02）に、0x10 と 0x00 を書き込みます。これはモード 1、そして温度・湿度ともに 14 ビットの設定です。モード 1 を設定すると、16 ビット長の MSB 揃えで 2 バイトのデータが、温度、湿度の順で連続して 4 バイト送られてきます。詳細は Texas Instruments 社の HDC1000 のデータシートを参照してください。抜粋したものが電子部品販売サイトに掲載されていますので、そちらを参照しても良いでしょう。以降に、Configuration レジスタの詳細を示します。

表5.3●Configurationレジスタ

名前	ビット位置	説明
RST	15	ソフトウェアリセットビット、1を書き込むとリセットされます。リセット動作後、ノーマル動作に移行した場合、自動的に 0 になります。
Reserved	14 ～ 13	予約ビットです、必ず 0 に設定してください。
MODE	12	モード設定ビット。 　0：温度、湿度を 16bit ずつ個別に取り込みます。 　1：温度、湿度の順で 32bit 一度に取り込みます。
BTST	11	電源電圧状態表示ビット。 　0：電圧 > 2.8V（リードのみ） 　1：電圧 < 2.8V（リードのみ）
TRES	10	温度の分解能設定ビット。 　0：14 ビット分解能 　1：11 ビット分解能
HRES	9 ～ 8	湿度の分解能設定ビット。 　00：14 ビット分解能 　01：11 ビット分解能 　10：8 ビット分解能
Reserved	7 ～ 0	予約ビット。必ず 0 に設定してください。

　初期化後に、TEMPHUMI オブジェクトの Write メソッドで 0x00（温度データレジスタ）を書き込みます。このタイミングで変換が開始されます。結果は、Timer_Tick メソッドで読み込まれます。

　次に、先ほどと同様にタイマーを設定します。まず、DispatcherTimer オブジェクト periodicTimer を生成します。DispatcherTimer オブジェクトを生成できたら、インターバルやイベントメソッドを登録した後、タイマーを起動します。実際の測定と表示は、登録したメソッドで処理します。

　Timer_Tick メソッドは DispatcherTimer オブジェクト periodicTimer の Interval プロパティに設定した周期で呼び出されるメソッドです。タイマーの起動前に、Write メソッドで 0x00（温度データレジスタ）を書き込んでいますので、すぐに温度、湿度の順で連続して 4 バイト

を読み込むことができます。Read メソッドで、HDC1000 から 4 バイトを読み込みます。こ
れには、温度と湿度が格納されています。温度は、下記の式で求めることができます。

$$\text{Temperature (°C)} = \left(\frac{\text{TEMPERATURE[15:00]}}{2^{16}} \right) \times 165\,°C - 40\,°C$$

上記を C# で書き直したコードを示します。

```
double temp = ((buff[0] << 8) + buff[1]) / 65536.0 * 165.0 - 40.0;
```

次に、湿度を求める式を示します。

$$\text{Relative Humidity (\%RH)} = \left(\frac{\text{HUMIDITY[15:00]}}{2^{16}} \right) \times 100\,\%RH$$

上記を C# で書き直したコードを示します。

```
double humi = ((buff[2] << 8) + buff[3]) / 65536.0 * 100.0;
```

得られた温度と湿度を画面に表示します。本メソッドはスレッドセーフですので UI を直接
操作することができます。最後に、Write メソッドで 0x00（温度データレジスタ）を書き込
んでいますが、これは次の周期でデータを読む込むための処理です。Timer_Tick メソッド内
で 0x00（温度データレジスタ）を書き込み、変換が完了するまで待って、温度、湿度の順で
連続して 4 バイトを読み込んでも良いのですが、それでは CPU を余計に占有します。CPU を
長時間占有したくないため、このように Timer_Tick メソッドの最後で、次のデータを準備す
るようにします。この例では、温湿度の変換時間がタイマーの周期より遙かに小さいため、変
換時間に注意を払う必要はありません。

変換時間

温度：11 ビット分解能で 3.65 ミリ秒、14 ビットで 6.35 ミリ秒。
湿度：8 ビット分解能で 2.5 ミリ秒、11 ビットで 3.85 ミリ秒、14 ビットでは 6.50 ミリ秒。

■実行

　以前の章で説明した方法で、本プロジェクトを Raspberry Pi で動作させます。以降に、その状況を示します。これまでのプログラムも同様ですが、初期にはこのような表示が行われます。

図5.13●Raspberry Piで実行

　プログラムが起動すると、一定周期で温度と湿度を測定し、その値を表示します。温度の下に測定回数も表示します。左側は普通に測定したもの、右側はセンサーを Raspberry Pi のボックスへ入れたものです。温度が高く変化しているのが分かります。

図5.14●Raspberry Piで実行

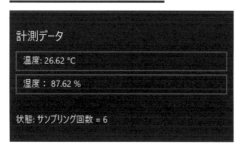 

5.3 I²C の基礎

この節では I²C の概要を簡単に解説します。I²C（Inter-Integrated Circuit）は、フィリップス社の開発した電子回路におけるシリアル通信方式の 1 つです。Inter-Integrated Circuit を略すと IIC となりますが、I が 2 つ続きますので I²C と表記します。しかし、テキストエディタ上などプレーンテキストで表示する場合に不便がないように、I2C や IIC の表記も使用されます。本書もこれに習い、I²C と I2C の表記が混在します。

I²C は、主に同じ基板上のチップ間で通信する用途を想定しています。I²C は、クロック信号用とデータ信号用の 2 本の信号線を使い、標準モードで 100 kbps、高速モードで 400 kbps から 3.4Mbps の半二重通信を行うことができます。通信を制御する 1 台のマスター、そして従属する 1 台以上のスレーブで構成され、マスタースレーブ方式で通信します。スレーブは複数台接続できます。

本書では、すでに温度センサーを利用し、その結果を表示するものを紹介しました。I²C を理解すると、いろいろなセンサーやデバイスを利用できます。多数の I²C 対応のモジュールやチップが存在しますので、応用は無限です。

■ I²C の特徴

I²C バスには次に示す特徴があります。

- 必要なラインは、データライン（SDA）とクロックライン（SCL）の 2 本のみです。
- 接続されている各デバイスを固有のアドレスで識別します。
- シンプルなマスタースレーブで通信します。
- 標準モード（スタンダードモード、SM）で 100 kbps、高速モード（ファーストモード、FM）で 400 kbps、他にもハイスピードモード（最大 3.4 Mbps）がサポートされています。
- 8 ビット単位双方向データ転送が可能です。
- 同一バスに多数のデバイスを接続できます。接続可能なデバイス（LSI など）の数は、バスの電気的な最大容量で制限されるだけです。

■ I²C の接続

I²C を使用したデバイスの一般的な接続図を示します。データライン（SDA）とクロックライン（SCL）を接続するだけです。各デバイスは I²C バス上のアドレスで識別します。

図5.15●I²Cを使用したデバイスの一般的な接続図

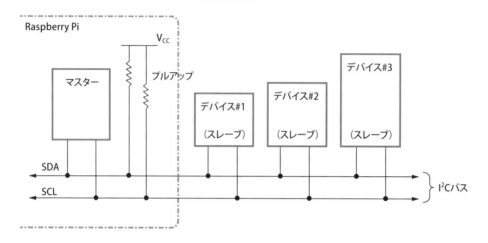

当然ですが、データライン（SDA）とクロックライン（SCL）以外に、電源ラインとグランドは接続が必要です。I²C のラインはプルアップする必要があります。Raspberry Pi の仕様を読むと、それらのラインは Raspberry Pi の基板上でプルアップされているようですので、外部でプルアップする必要はありません。

■ I²C の一般的な使用法

I²C に接続されたデバイスは、I²C バスプロトコルを使用して通信します。デバイスレベルでは I²C プロトコルを知る必要がありますが、Windows 10 IoT Core を使用する場合、ローレベルのプロトコルを理解する必要はありません。Windows 10 IoT Core では I²C 用のクラスが準備されていますので、それらを使用すると簡単に I²C デバイスを制御できます。

以降に、Windows 10 IoT Core で I²C を使用する一般的なコードを簡略化して示します。まず、I²C コントローラーが存在するか DeviceInformation.FindAllAsync で調べます。もし、I²C コントローラーが見つかなければ、エラーとします。I²C コントローラーが存在したら、デバイスのアドレスを与えて、I2cConnectionSettings クラスの新しいオブジェクトを生成し

ます。このオブジェクトは I^{2}C バスの通信情報を管理します。このオブジェクトへは、通信速度 (BusSpeed) やシェアリングモード (SharingMode) を与えることができます。この例では、通信速度を設定します。なお、I2cConnectionSettings クラスの新しいオブジェクトを生成するときにデバイスのアドレスを与えず、後で SlaveAddress プロパティにアドレスを与えても構いません。

　準備ができたので、I2cDevice クラスの新しいオブジェクトを生成し、FromIdAsync メソッドで I^{2}C バスコントローラー用の非同期 I2cDevice オブジェクトを取得します。

　これ以降は、I2cDevice オブジェクト (i2cDevSamp) を使用し、デバイスの仕様に沿ってデバイスと通信できます。デバイスへの送信は Write メソッドを、受信は Read メソッドを使用します。Write メソッド、Read メソッドの内容やシーケンスは接続した I^{2}C デバイスの仕様に従いますので、使用するデバイスの仕様書を読んでください。

リスト 5.5 ●通信サンプルコード

```
// I2Cコントローラーの確認
string aqs = I2cDevice.GetDeviceSelector("I2C1");
var dis = await DeviceInformation.FindAllAsync(aqs);
if (dis.Count == 0)
    return;    // error No I2C controllers were found on the system


// I2デバイスとの通信確立
var settings = new I2cConnectionSettings(0x40);
settings.BusSpeed = I2cBusSpeed.FastMode;

I2cDevice i2cDevSamp;

i2cDevSamp = await I2cDevice.FromIdAsync(dis[0].Id, settings);
if (i2cDevSamp == null)
    return;    // error


//書き込み例
byte[] WriteBufConfig = new byte[] { 0x02, 0x10, 0x00 };
i2cDevSamp.Write(WriteBufConfig);

i2cDevSamp.Write(new byte[] { 0x00 });


//読み込み例
```

```
var buff = new byte[4];
i2cDevSamp.Read(buff);
```

5.4 3軸加速度センサー

　SPIデバイス加速度センサーを利用して、そこからデータを読み取る簡単なアプリを作成します。アプリケーションソフトウェアは、サンプルで提供されていますので、そのまま利用できます。加速度センサーには、提供されているプロジェクトに適合するADXL345を使用します。チップへ配線が必要ですが、ピッチが狭いため簡単に半田付けを行うのは困難です。そこで、モジュールを使用することとします。ここではAmazonで販売されていたものを使用します。Windows 10 IoT Coreのサイトで紹介しているモジュールとは異なりますが、ピン配置は同じですので、同じように使用できます。

　使用したモジュールは「KKHMF GY-291 ADXL345 IIC/SPI 変速機 デジタル 三軸加速度 重力傾斜 センサモジュール」というもので、「https://github.com/microsoft/Windows-iotcore-samples/tree/develop/Samples/Accelerometer」で紹介している Cixi Borui Technology Co., Ltd. の「3軸加速度センサモジュール ADXL345(SPI/IIC)」とは異なります。どうしても同一のものを使用したければ、スイッチサイエンス社、アールエスコンポーネンツ株式会社、株式会社秋月電子通商、あるいは海外の通販会社を探すと見つかる可能性が高いです。

　さて、購入したモジュールは、チップは基板に実装されていましたが、ピンヘッダは接続されていません。これはピンヘッダに他のものを使用したい場合や、モジュールを直付けしたい場合などを考慮しているのでしょう。ここでは同梱されてきたピンヘッダを、半田付けします。以降に、半田付けの様子を示します。

　まず、パッケージから取り出した様子を示します。モジュールとピンヘッダは接続されていません。

図5.16●購入したモジュール

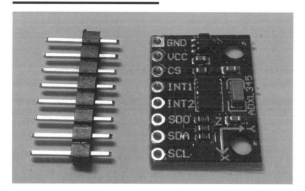

　半田付け前の準備を示します。ピンヘッダをジャンパーボードに挿し、それにモジュールを乗せます。そのままではモジュールが傾くので、ちょうど高さの合う段ボールを支えにしました。安全を考えると不燃物で絶縁されたものを使用すると良いでしょう。高さの合うものを自分で探して支えにしてください。後は、半田と半田ごてが用意できれば準備完了です。半田付けまでの様子を以降に示します。

図5.17●半田付けまでの様子

■接続

さて、センサーを Raspberry Pi の SPI と接続しましょう。接続図とその様子を次に示します。

図5.18●接続の様子

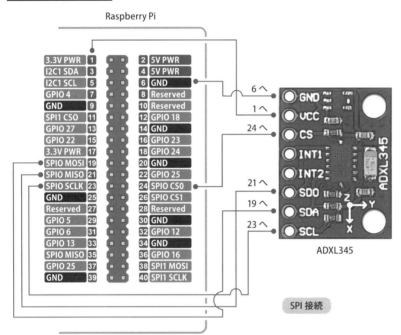

購入したモジュールには 8 つの IO ピンがあり、次のように接続します。

- GND：グランドに接続（ピン 6）。
- VCC：3.3V に接続（ピン 1）。
- CS：（ピン 24）の SPI0 CS0 に接続。これは、SPI バスのチップ選択ライン。
- INT1：未接続、このピンは未使用。
- INT2：未接続、このピンは未使用。
- SDO：SPI0 MISO に接続（ピン 21）。
- SDA：SPI0 MOSI に接続（ピン 19）。
- SCL：（ピン 23）の SPI0 SCLK に接続。これは、SPI バスのクロックライン。

■特長

　ADXL345 モジュールの特徴を次に示します。ADXL345 は小型、薄型、低消費電力の 3 軸加速度センサーで、最大± 16g の測定範囲で高分解能（13 ビット）の加速度計測が可能です。デジタル出力データは 16 ビットの「2 の補数」フォーマットで、SPI（3 または 4 線）あるいは I^2C のデジタル・インターフェースを介してアクセスできます。

　ADXL345 は、ポータブルアプリケーション用途に非常に適しています。この製品は、傾きアプリケーションのような重力の静的加速度を計測することができると同時に、動き、衝撃あるいは振動のような動的加速度も計測できます。傾き検出に使用した場合は、1.0°以下の傾き変化を測定することが可能です。

- VS = 2.5V 時に通常測定モードで消費電力を 40μA（typ）まで低減可能
    - スタンバイ・モード時は 0.1μA（typ）
- 消費電力は設定した帯域幅によって自動的にスケーリング
- ユーザー選択可能な分解能、固定 10 ビット分解能モードと最大分解能モード
    - g 範囲によって最大 13 ビットまで分解能の増加が可能
    - ± 16g 時（すべての g 範囲で約 4mg/LSB の分解能を維持）
- 特許申請中の新技術 FIFO 内蔵によりホストプロセッサの負荷を最小化
- タップ／ダブル・タップの検出
- アクティブ／インアクティブの検出
- 自由落下の検出
- 電源電圧範囲：2.0V ～ 3.6V

- I/O 電圧範囲：1.7V ～ VS
- 温度範囲：–55℃～ +105℃

■プログラム開発

　プログラムは、用意されているサンプルを 1 行変更するだけです。¥samples-master¥Accelerometer¥CS か ¥Windows-iotcore-samples-develop¥Samples¥Accelerometer¥CS のどちらを使っても構いません。ここでは、¥samples-master¥Accelerometer¥CS を使用します。

　ソリューションファイル Accelerometer.sln を読み込んでビルドすると、参照コンポーネント 'Windows IoT Extension SDK' が見つからないとエラーが表示されます。

図5.19●'Windows IoT Extension SDK' が見つからない

　これについては、第 4 章「LED 点滅」の 4.1 節「サンプルプログラムの実行」で説明済みです。従来のプログラムを、そのままビルドしようとすると「'Windows IoT Extension SDK' が見つからない」旨のメッセージが表示され、ビルドに失敗するときがあります。これは、バージョン 17134 を超える SDK には、'Windows IoT Extension SDK' は存在しないためです。'Windows IoT Extension SDK' に含まれていた API は、メインの UWP SDK にマージされたため、'Windows IoT Extension SDK' への参照を削除する必要があります。以降に、'Windows IoT Extension SDK' の削除例を示します。

図5.20●'Windows IoT Extension SDK'への参照を削除

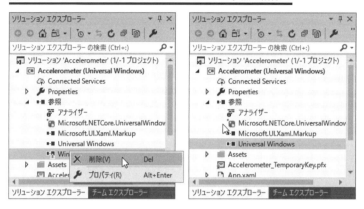

■実行

　この状態で、リモートコンピューターで動作させてみましょう。ビルドして配置するには少し時間を要しますので、リモートコンピューターで動作させるボタンを押した後は、しばらく待ちましょう。配置が終わり、Raspberry Pi 上でプログラムが動作すると以降に示す画面が現れます。

図5.21●HW_PROTOCOLが設定されていない

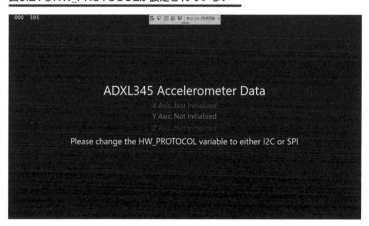

　メッセージを読むと分かるように、ソースコードで指定しておかなければならないプロトコルがサンプルでは設定されていません。プロトコルには SPI か I2C を指定できます。

MainPage.xaml.cs を開き、HW_PROTOCOL に SPI（Protocol.SPI）を指定します。以降に、オリジナルのソースコードと、変更後のソースコードを示します。

リスト 5.6 ●オリジナルのソースコード

```
public sealed partial class MainPage : Page
{
    ⋮
    private Protocol HW_PROTOCOL = Protocol.NONE;
    ⋮
```

リスト 5.7 ●変更後のソースコード

```
public sealed partial class MainPage : Page
{
    ⋮
    //private Protocol HW_PROTOCOL = Protocol.NONE;
    private Protocol HW_PROTOCOL = Protocol.SPI;
    ⋮
```

　ソースコードを変更後、再びリモートコンピューターで動作させてみましょう。配置が終わり、Raspberry Pi 上でプログラムが動作すると以降に示す画面が現れます。

図5.22●移動なし

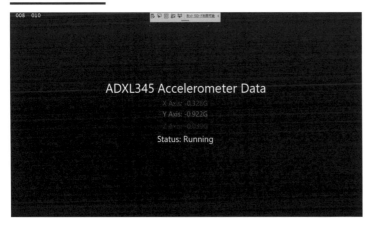

　センサーに触っていませんが、加速度が表示されます。センサーが静止していても、値は少

し変動します。これは正常であり、微小な振動と電気ノイズによるものです。センサーを平ら
に置いた場合、X軸とY軸は0.000Gに近く、Z軸は1.000Gに近い値を示すはずです。セン
サーを傾けたり振ったりすると、それに応じて値が変化することが分かります。

　この状態で、センサーを、かなり大きく揺すってみました。以降に、その時の表示を示しま
す。X、Y、Z軸ともに大きな加速度を検出しています。

図5.23●加速中

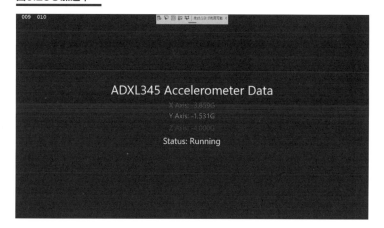

　このサンプルでは、デバイスを4Gモードで構成しているため、4Gを超えるGの読み取り
値を表示することはできません。

　SPIの解説は行いませんので、他の書籍にあたるか本センサーのサンプル説明（https://
github.com/microsoft/Windows-iotcore-samples/tree/develop/Samples/Accelerometer）に
あるリンク先のtutorial on SPIを参照してください。SparkFunが提供するSerial Peripheral
Interface（SPI）にはSPIの詳しい説明がなされています（https://learn.sparkfun.com/
tutorials/serial-peripheral-interface-spi）。ただし、すべて英文ですので、読むのが面倒な人
は、日本語で解説している資料も少なくありませんので、そちらを探してください。

■ I²C

本モジュールは I²C バスにも対応しています。先のプログラムは SPI を使用しました。ここでは、I²C を利用してみましょう。MainPage.xaml.cs を開き、HW_PROTOCOL に I²C（Protocol. I2C）を指定します。以降に、SPI 対応のソースコードと、I2C へ変更後のソースコードを示します。

リスト 5.8 ● SPI 対応のソースコード

```
public sealed partial class MainPage : Page
{
    ⋮
    //private Protocol HW_PROTOCOL = Protocol.NONE;
    private Protocol HW_PROTOCOL = Protocol.SPI;
    ⋮
```

リスト 5.9 ● I2C 対応させたソースコード

```
public sealed partial class MainPage : Page
{
    ⋮
    //private Protocol HW_PROTOCOL = Protocol.NONE;
    //private Protocol HW_PROTOCOL = Protocol.SPI;
    private Protocol HW_PROTOCOL = Protocol.I2C;
    ⋮
```

プログラムを変更しただけでは不十分で、接続の変更も行わなければなりません。センサーを Raspberry Pi の I²C と接続しましょう。接続図とその様子を次に示します。

図5.24●接続の様子

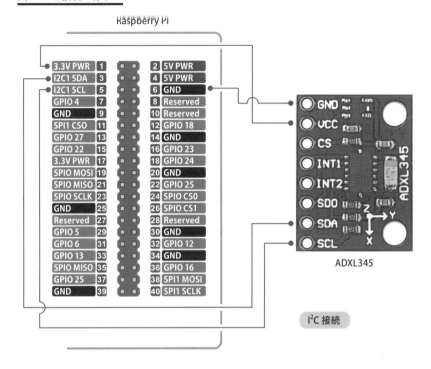

この状態で、リモートコンピューターで動作させてみましょう。配置が終わり、Raspberry Pi上でプログラムが動作すると、以降に示す画面が現れます。

図5.25●I²Cで接続

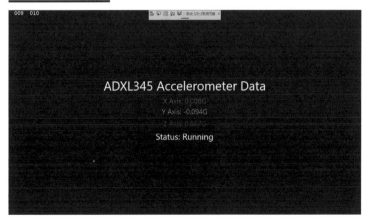

■別のプロジェクト

　なお、サンプルプログラムには、最初から I2C 接続対応のプロジェクトも用意されています。¥samples-master¥I2CAccelerometer¥CS の I2CAccelerometer.sln を Visual Studio で開きます。本プロジェクトはソースコードの変更は不要です。さっそく、リモートコンピューターで動作させてみましょう。配置が終わり、Raspberry Pi 上でプログラムが動作すると、以降に示す画面が現れます。

図5.26●I2CAccelerometerプロジェクトの動作

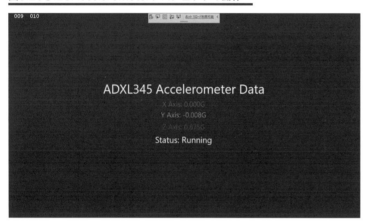

　作業の全体に言えることですが、ビルドなどや再配置（デプロイ）に意外と多くの時間を必要とする場合があります。短気を起こさず、しばらく待つと良いでしょう。それでも、比較的頻繁に手順もプログラムも間違っていないのに、システムが反応しなくなったりエラーが発生する場合もあります。どうやってもエラーが発生する場合は、全体の電源を入れなおす、あるいはプロジェクトをクリーンしリビルドをすると正常に動作する場合があります。また、何回も再配置した microSD を初期化すると効果的な場合もあります。

6

UART

　この章では、Raspberry Pi に UART（RS-232C）を実装してシリアル通信を行う例を紹介します。シリアル通信は古典的な方法ですが、システム開発中のデバッグ情報や測定データなどの表示で重宝するときがあります。組み込み装置のデバッグやユーザーインターフェースにシリアル通信を用いるのは、現在でも良くあることです。

6.1 使用するデバイス

　Raspberry Pi の信号レベルでは RS-232C を直接ドライブできません。そのため、Raspberry Pi 端子の電圧・電流を RS-232C レベルへ変換するモジュールを使用します。幸い、そのようなケーブルやコネクタ類はネットで容易に入手できます。今回は比較的利用者が多いと思われる Amazon 社の Web サイトから購入することとします。まず、RS-232C の電圧・電流変換器とコネクタが一体化した NSRS232 を購入します。以降に購入した NS-RS232 を示します。

■ NS-RS232 の特徴

- TTL（Transistor-Transistor Logic）レベルの信号を RS-232C レベルへ変換する
- D-SUB 9pin（RS-232C）を実装済み
- 3V ～ 5.5V をサポート
- RTS、CTS のピンも用意されている

NS-RS232 の接続端子は 6 か所ありますが、今回 CTS と RTS は使用しません。

図6.1 ● NS-RS232のピン配置

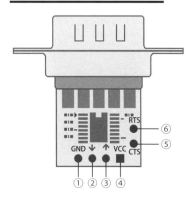

ピン	名前	信号
①	GND	Ground
②	↓ (TX)	Transmit Data
③	↑ (RX)	Receive Data
④	VCC	Supply Voltage
⑤	CTS	Clear To Send
⑥	RTS	Request To Send

　他にも同様なものが多数存在します。電子部品の販売サイトや Amazon などで、キーワードに「RS232-TTL」を指定して検索を行うと多数のモジュールが見つかります。配線が済んでいるものや、PC に RS-232C 端子がないことを予想し、USB に直接変換する仮想 COM ポート機能をもつ製品も存在します。ここでは、最初ですので USB に直接変換する製品は使用せず、オーソドックスな部品を選びます。USB に直接変換する仮想 COM ポート機能をもつ製品で試したい人は、次節を参照してください。

　購入しておいたジャンパー線のオス - メスを使用し、オス側を NS-RS232 の端子に半田付けします。このとき、色を分かりやすくした方が良いです。筆者はジャンパー線をバラバラにしたくなかったため、4 本連続で引き裂いて利用しましたが、接続時に若干手間取りました。幸い、グランドが黒、電源が暖色系の色だったため電源とグランドを間違うことはありませんでした。

　以降に、ジャンパー線を NS-RS232 端子に半田付けした様子を示します。NS-RS232 の表と裏を示します。

図6.2●ジャンパー線をNS-RS232に取り付けた様子

表面

裏面

　変換基板にジャンパー線を直付けしたくなければ、変換基板にピンヘッダを取り付けてブレッドボードに挿し、それから Raspberry Pi の信号にジャンパー線でつないでも良いでしょう。

6.2 接続

　さて、作成した変換ケーブルを Raspberry Pi の端子と接続しましょう。Raspberry Pi と作成した変換ケーブルを接続するのは簡単です。ケーブルの反対側を Raspberry Pi の端子に押し込むだけです。ただ、どれをどれに接続しなければならないかは注意してください。接続図とその様子を次に示します。

図6.3●接続図とその様子

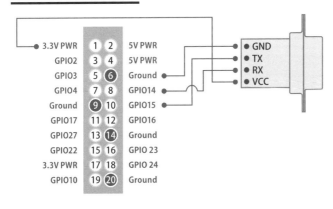

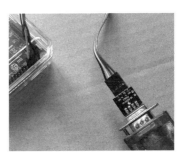

　図に示すように、Vcc を 3.3V（1 番端子）へ、Tx を 8 番端子、Rx を 10 番端子、そして GND を 9 番端子へ接続します。電源やグランドは空いた端子ならどこでも構いません。

　このモジュールの電源電圧は 3V ～ 5.5V をサポートしています。ですので、5V の端子に接続しても構いません。ただ、3V しかサポートしていないモジュールもあるため、安全を考えて 3.3V の端子を利用します。

　信号レベルに関しては 3.3V か 5V を、明確に指定している製品が存在します。今回使用した NS-RS232 は、3V ～ 5.5V をサポートしています。ほとんどの電流・電圧変換製品が、自動もしくは手動で 3.3V か 5V の切り替えをサポートしています。電流・電圧変換製品がスイッチで切り替えるものであるときは、3V を選択してください。3.3V は便宜的に 3V と記載されている場合も少なくありません。以降に、RS-232C コネクタの信号を示します。

図6.4●RS-232Cコネクタの信号

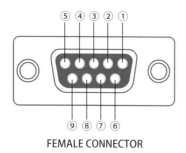

FEMALE CONNECTOR

ピン	名前	信号
①	NC	Do not used
②	TX	Transmit DATA
③	RX	Receive DATA
④	NC	Do not used
⑤	GND	Ground
⑥	NC	Do not used
⑦	NC	Do not used
⑧	NC	Do not used
⑨	NC	Do not used

　Raspberry Pi から変換ケーブルを介し、PC の RS-232C 端子へ接続します。PC に RS-232C 端子があれば、直接接続できます。しかし、最近の PC には RS-232C 端子が存在しないものが多いです。そのような場合、RS-232C を USB に変換するケーブルを使用すると良いでしょう。RS-232C を使う場合、オス － メス変換（ジェンダー変換）や端子の衝突を避けるためのクロスケーブルなどがあると便利です。良く考えずにケーブルを配線すると Tx と Rx が逆になったり、コネクタがオス － オスやメス － メスで接続できないということが往々にして発生します。以降に写真と接続図を示します。

図6.5●Raspberry PiをPCのRS-232C端子へ接続

以降に、接続の全体図を示します。開発用 PC と端末ソフトを動作させる PC は兼用しても構いません。ここでは分かりやすいように分離します。

図6.6●接続の全体図

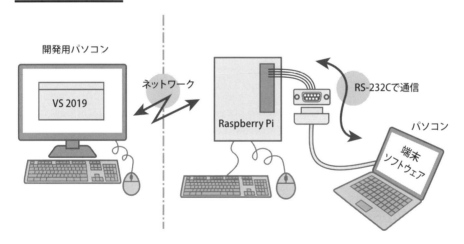

6.3 動作

　PC 側で端末ソフト（この例では Tera Term）を起動します。そして、Raspberry Pi の COM ポートと接続します。以降に様子を示します。

図6.7●端末ソフトでCOMポートと接続

　この例では COM4 を使用し、9600bps、データ長は 8 ビット、パリティなし、ストップビットは 1 ビット、そしてフロー制御なしを指定します。次に、ダウンロードしたマスターサンプルプログラムの samples-master¥SerialSample¥CS か ¥Windows-iotcore-samples-develop¥Samples¥SerialUART¥CS に含まれるソリューションファイルをダブルクリックするか、Visual Studio を立ち上げてソリューションファイルを読み込みます。

　以降の例は ¥Windows-iotcore-samples-develop¥Samples¥SerialUART¥CS を使用した場合です。これまで説明したように Raspberry Pi を指定して実行します。しばらく時間を要しますが、Raspberry Pi に接続したディスプレイに次に示すような画面が現れます。この例では、Raspberry Pi は 1 つのシリアルデバイスを検出しています。

図6.8●サンプル起動時のRaspberry Piの画面表示

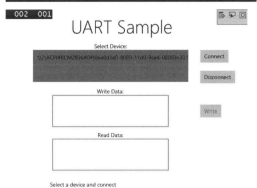

[Serial Device] を選択して [Connect] をクリックすると、接続が確立します。

図6.9●シリアルデバイスを選択して [Connect] をクリック

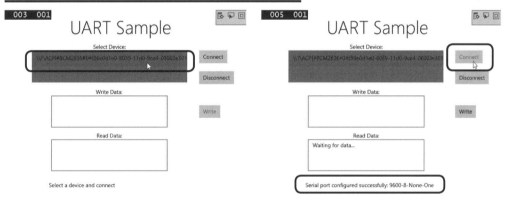

この状態で、PC から送信文字列「1234」を入力します。

図6.10●PCから文字列を送信

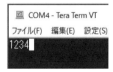

すると、Raspberry Pi の「Read Data」欄にその文字列が現れます。正常に受信できたようです。一番下に「bytes read successfully!」と、メッセージが表示されます。

図6.11●Raspberry Pi側で受信したメッセージを表示

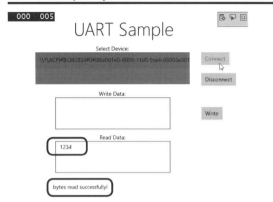

　今度は、「Write Data」欄に「abc」と入力し、[Write] ボタンをクリックして Raspberry Pi 側から PC 側へ送信します。[Write] ボタンをクリックすると、送信データはクリアされます。

図6.12●Raspberry PiからPC側への文字列送信

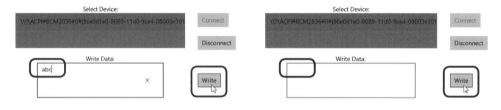

　PC で受信した様子を示します。最初の「1234」に続き、Raspberry Pi から受信した「abc」が表示されます。

図6.13●PC側で受信したメッセージを表示

　これで、Raspberry Pi と PC 間でシリアル通信できました。

6.4 半田ごてを使わない USB 直結

　半田ごての作業をなるべくやりたくない場合や、シリアル端子が PC に装備されていない場合も多いでしょう。この節では、そのような環境に対応するパーツを使った例として、Raspberry Pi の UART 端子を引き出し、UART を USB へ変換する方法を紹介します。ジャンパー線を用意し、そして有名な FTDI を使った RS232C-USB 変換ボードを使用すれば、半田付け作業は一切不要です。さらに、RS232C-USB（UART-USB）変換機能を搭載しているため、PC 側の端子は USB で COM ポートを仮想化します。RS232C-USB 変換モジュールは、ネットショップや Amazon などで購入できるごく普通の部品です。

■必要なもの

- ジャンパー線
- RS232C-USB 変換ボード
- USB ケーブル

■ RS232C-USB 変換ボード

　今回使用した RS232C-USB 変換ボードのピン配置を示します。同様の製品は多数販売されており安価ですので、最適なものを選んでください。

図6.14●使用したRS232C-USB変換ボードのピン配置

ピン番号	信号
①	GND
②	CTS（使用しない）
③	Vcc（使用しない）
④	Tx
⑤	Rx
⑥	DTR（使用しない）

⑥⑤④③②①

　以降に、Raspberry Pi と RS232C-USB 変換ボードの結線図を示します。Tx と Rx が反転しますので注意してください。結線後、通信ができない場合、Tx と Rx を反転すると繋がることがありますので、通信できないときは反転してみるのも良い方法です。ジャンパー線を用いるため変更は簡単です。RS232C-USB 変換ボードへは、PC の USB 端子から電源が供給されるため、RS232C-USB 変換ボードと Raspberry Pi の接続は、Tx、Rx、そしてグランドのみで構いません。

図6.15●FTDI接続図

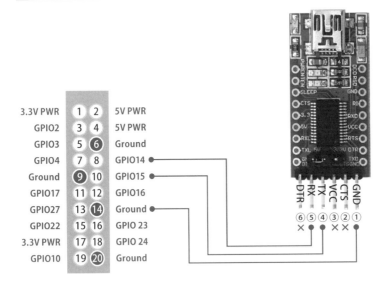

　実際の接続の様子を次に示します。

図6.16●RS232C-USB変換ボードにメス-メスのジャンパー線を取り付けた様子

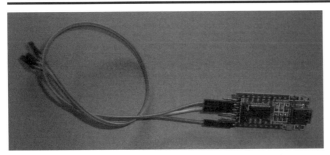

図6.17●RS232C-USB変換ボードの片側をRaspberry Piへ接続した様子

　結線後、通信ができない場合、Tx と Rx を反転すると繋がることがありますので、通信でき
ないときは反転してみるのも良い方法です。ジャンパー線を用いるため変更は簡単です。動作
に関しては、直前と同様ですので、これについては省略します。

7

リレーモジュールの制御

Raspberry Pi で大電圧や大電流を制御したい場合があります。Raspberry Pi の GPIO では電気的に能力不足なため、リレーモジュールを用い、リレーで回路の開閉を行う例を紹介します。当初、小電力のリレーを GPIO で直接駆動することに挑戦しましたが、小電力のリレーであってもコイルの駆動に数十 mA を必要とします。Raspberry Pi で直接小電力リレーを駆動できる場合もありますが、電流の余裕が少ないためリレーモジュールを採用します。

7.1 概要

Raspberry Pi で直接電子回路を制御できますが、一般的な電力をドライブするには能力が不十分です。そこで、GPIO からリレーモジュールを制御し、回路の開閉はリレーに任せる方法を解説します。まず、接続図を示します。

図7.1●GPIOとリレーモジュールの接続図

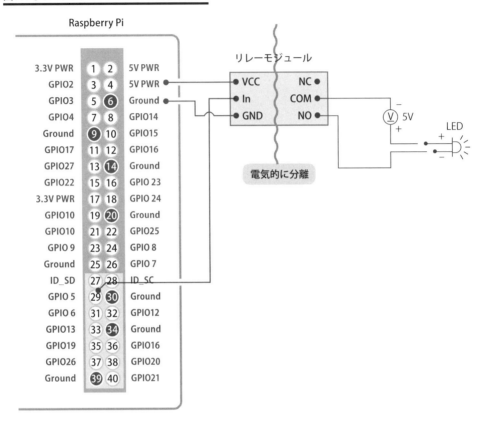

当初、小電流で駆動できそうなリレーを直接接続してみましたが、コイルの駆動に30mA程度を要するようで、Raspberry Piの5V端子では電流不足のためリレーを駆動できません。そこでAmazonなどのネットショップに、いくつかのリレーモジュールが存在したので、駆動電流の小さそうなものを探し、それを採用します。今回使用したリレーモジュールを示します。同じようなものがネットショップなどでたくさん販売されていますので、適当なものを選んでください。

図7.2●リレーモジュール

　これは2回路用です。1回路用や多数の回路を備えたモジュールが数多く販売されています。自身の目的に合致するものを選択してください。

　このモジュールは、Raspberry Piで直接駆動できましたので、別電源を用いませんでした。Raspberry Piで直接駆動できない場合、電源を別に用意するか、あるいはRaspberry Piの大元から取ると良いでしょう。

図7.3●別電源を利用する場合の接続例

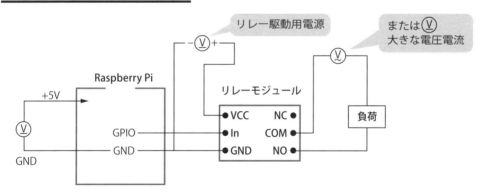

図7.4●Raspberry Piの電源を利用する場合の接続例

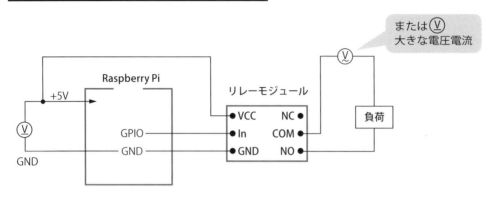

　電源を Raspberry Pi の大元から取る場合、特に電位に注意する必要はありません。Raspberry Pi と異なる電源系統からリレーモジュールへ電源を供給する場合、Raspberry Pi と別電源の電位に注意しましょう。基本的に、リレーモジュールを Raspberry Pi の端子で駆動できない場合、Raspberry Pi へ供給する電源から、＋側を分岐してリレーモジュールへも供給するのが良いでしょう。

図7.5●リレーモジュールの端子図

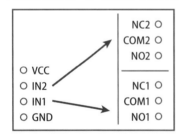

　入力は Vcc（+5V）、GND、そして IN1、IN2 です。今回は Raspberry Pi の電源で駆動できましたので、先に示した接続図にあるように、Vcc へは、GPIO の 5V 端子、GND へは GND、そして IN1 へ GPIO を接続します。IN1 を使用するか IN2 を使用するかは、リレー 1 かリレー 2 のどちらを使用するかで判断してください。出力側は、COM、NC、NO の 3 つがそれぞれのリレーに対応します。COM は共通の端子で、NC（ノーマルクローズ）は何もしない状態で回路が閉じていて、NO（ノーマルオープン）は回路が開いています。IN に信号を与えることによって、NC と NO の回路の開閉状態は逆になります。

　リレーモジュールの仕様は、明確に書かれていませんでしたが、以下のような仕様のようです。

- 入力電源：5V
- チャンネル数：2
- 電圧：（ACの場合）250V 10A、（DCの場合）30V 10A
- サイズ：約5 × 3.8 × 1.7cm

■接続

　それでは、全体を接続してみましょう。まず、リレーモジュールまで接続した様子を示します。

図7.6●リレーモジュールまで接続した様子

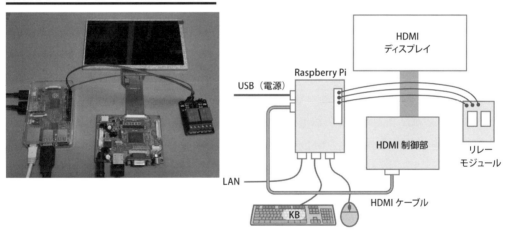

　リレーモジュールの先には何もつないでいませんが、これでプログラムと配線に間違いがないか確認できます。リレーは動作するとカチカチと動作音がしますので、動作しているか確認できます。今回採用したリレーモジュールは回路ごとにLEDを装備しており、動作するとLEDが点灯しますので簡単に動作チェックができます。もし、動作が外部から分からないようなモジュールを使用する場合、テスターなどでリレーのCOMとNC、またはNO間の抵抗値を計測しても良いでしょう。

■動作チェック

動作チェックには、第 4 章「LED 点滅」で使用したプログラムをそのまま使用します。まず、Raspberry Pi の電源を投入します。次に、第 4 章で使用したプロジェクトのソリューションファイルをダブルクリックして Visual Studio を起動し、プロジェクトを Raspberry Pi で動作させます。Raspberry Pi が LAN に接続されていること、そして Windows 10 IoT Core が起動していることを確認してください。Raspberry Pi が起動しネットワーク接続できているのを確認できたら、[x86] を [ARM] へ、そして [Device] を [リモートコンピューター] へそれぞれ変更します。

図7.7●Visual Studio上での変更

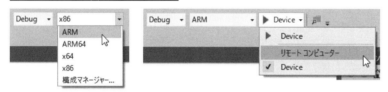

すると「リモート接続」が表示される場合があります。「リモート接続」が表示され、自動検出に minwinpc が現れていたら、minwinpc をクリックしてください。認証に関する警告が表示されますが、構わず [選択] をクリックします。自動検出できない場合は、「手動で構成」の「アドレス」欄に Raspberry Pi の IP アドレスを入力してください。Raspberry Pi の IP アドレスは、Raspberry Pi に接続されたディスプレイや、Windows 10 IoT Core Dashboard に表示されます。詳しい「リモート接続」についてはすでに解説済みですので、そちらを参照してください。

プログラムが起動すると、HDMI ディスプレイに動作状況が表示されます。本プログラムは、周期的に GPIO の信号レベルをトグルします。これによって、1 秒ごとにリレーがオン／オフを繰り返します。カチカチとリレー動作音が聞こえるとともに、リレーモジュール上の LED が点滅します。また、HDMI ディスプレイにもリレーの動作状況が表示されます。

図7.8●実行中の様子

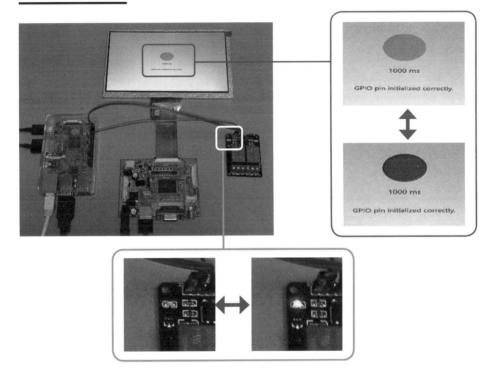

7.2 プログラム開発

　動作チェックでは既存のプログラムを動作させるだけでした。ここでは、新規にプログラムを開発し、Raspberry Pi に接続したマウスでリレーモジュールを制御してみましょう。

　Visual Studio メニューから［新規作成］→［プロジェクト］を選択して、新規のプロジェクトを作成します。「新しいプロジェクト」が表示されますが、たくさんのテンプレートが表示されるため「言語」でC#を、「プロジェクトの種類」で「UWP」を選びます。そして、表示されるテンプレート中から「空白のアプリ（ユニバーサルWindows）」を選択してください。

　プロジェクト名に「onOffDevice」と入力します。名前は何でも構いませんが、これがプロジェクト名となります。「新しいプロジェクト」ダイアログの［OK］ボタンを押し、しばらく待つとプロジェクトが自動で生成されます。MainPage.xaml をクリックし、XAML ソースコー

ドと GUI が表示された様子を示します。

図7.9●XAMLソースコードとGUIが表示された様子

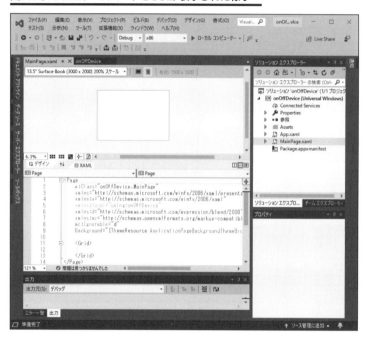

　GUI のデザインは XAML を直接編集しても構いませんし、ツールボックスから目的に合っ
たものをドラッグし、配置してから各プロパティを変更しても構いません。自分のやりや
すい方法で GUI をデザインしてください。以降に、ツールボックスから 2 つの Button と
TextBlock をドラッグして配置した様子を示します。配置する範囲が小さく表示されていたの
で、表示の縮尺を変更します。

図7.10●ツールボックスからドラッグして配置した様子

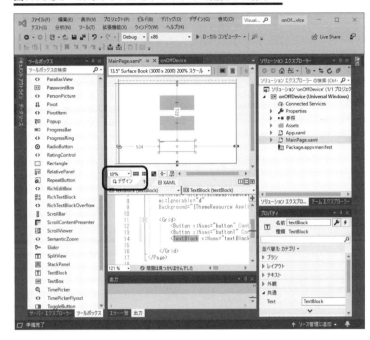

配置したコントロールのプロパティを変更して、GUIを作り上げます。

図7.11●GUIを作り上げる

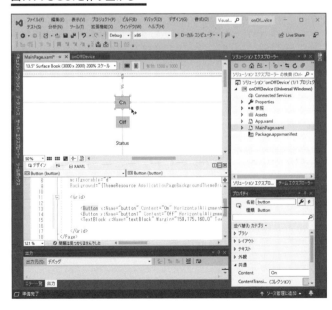

　GUIができあがったので、次にButtonに対するメソッドを作成します。まず、[On] ボタンを選択した状態で、イベントの [Click] 欄をダブルクリックします。

図7.12●ボタンに対するメソッドを作成する

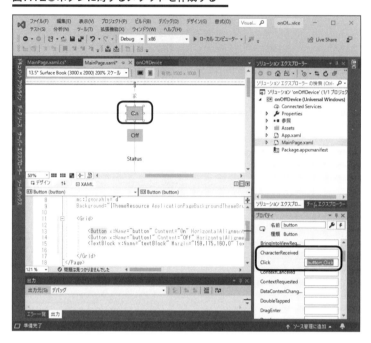

　すると、対応するメソッドが定義され、カーソルがメソッド内に移動します。

図7.13●対応するメソッドが定義される

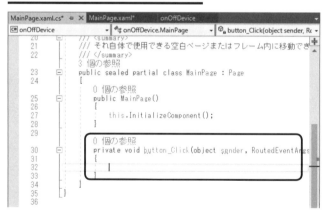

　カーソルが移動した位置に［On］ボタンが押されたときの処理を記述します。同じことを、［Off］ボタンに対しても行います。以降に、完成した MainPage.xaml と MainPage.xaml.cs のソースリストを示します。

リスト 7.1 ● MainPage.xaml

```xml
<Page
    x:Class="onOffDevice.MainPage"
    xmlns="http://schemas.microsoft.com/winfx/2006/xaml/presentation"
    xmlns:x="http://schemas.microsoft.com/winfx/2006/xaml"
    xmlns:local="using:onOffDevice"
    xmlns:d="http://schemas.microsoft.com/expression/blend/2008"
    xmlns:mc="http://schemas.openxmlformats.org/markup-compatibility/2006"
    mc:Ignorable="d"
    Background="{ThemeResource ApplicationPageBackgroundThemeBrush}">

    <Grid>

        <Button x:Name="button" Content="On" HorizontalAlignment="Center"
            ┗ Margin="160,56,160,0" VerticalAlignment="Top" Click="button_Click"/>
        <Button x:Name="button1" Content="Off" HorizontalAlignment="Center"
            ┗ Margin="160,111,159,0" VerticalAlignment="Top"
            ┗ RenderTransformOrigin="0.477,1.281" Click="button1_Click"/>
        <TextBlock x:Name="textBlock" Margin="159,175,160,0" TextWrapping="Wrap"
            ┗ Text="Status" VerticalAlignment="Top" HorizontalAlignment="Center"/>

    </Grid>
</Page>
```

　<Grid> から </Grid> の間が、挿入されたコードです。直接 XAML コードを編集するか、あるいは Visual Studio のツールボックスで配置し、プロパティを編集してください。

リスト 7.2 ● MainPage.xaml.cs

```csharp
using Windows.UI.Xaml;
using Windows.UI.Xaml.Controls;

using Windows.Devices.Gpio;

// 空白ページの項目テンプレートについては、https://go.microsoft.com/fwlink/?LinkId=402352
                                    &clcid=0x411 を参照してください
```

```
namespace onOffDevice
{
    /// <summary>
    /// それ自体で使用できる空白ページまたはフレーム内に移動できる空白ページ。
    /// </summary>
    public sealed partial class MainPage : Page
    {
        private const int LED_PIN = 5;
        private GpioPin pin;

        public MainPage()
        {
            this.InitializeComponent();

            InitGPIO();
        }

        private void button_Click(object sender, RoutedEventArgs e)
        {
            textBlock.Text = "On";
            if (pin != null)
            {
                pin.Write(GpioPinValue.Low);
            }
        }

        private void button1_Click(object sender, RoutedEventArgs e)
        {
            textBlock.Text = "Off";
            if (pin != null)
            {
                pin.Write(GpioPinValue.High);
            }
        }

        private void InitGPIO()
        {
            var gpio = GpioController.GetDefault();

            // Show an error if there is no GPIO controller
            if (gpio == null)
            {
                pin = null;
```

```
            textBlock.Text = "There is no GPIO controller on this device.";
            return;
        }

        pin = gpio.OpenPin(LED_PIN);
        pin.Write(GpioPinValue.High);
        pin.SetDriveMode(GpioPinDriveMode.Output);
        textBlock.Text = "Off";
    }
  }
}
```

　GUI の動作をチェックしたかったため、GPIO の初期化に失敗したときでもそれなりに動作を続けるように少し工夫していますが、他は一般的なコードです。

　まず、GPIO を制御しますので「using Windows.Devices.Gpio;」を追加します。

　InitGPIO メソッドは、GPIO を初期化して使用するピンの設定を行います。初期化に失敗した場合、メッセージを表示します。

　button_Click メソッドは ［On］ ボタンを押したときに制御の渡るメソッドです。状態を表示し、GPIO ピンの値を Low に設定します。これでリレーが駆動されます。

　button1_Click メソッドは ［Off］ ボタンを押したときに制御の渡るメソッドです。状態を表示し、GPIO ピンの値を High に設定します。これでリレーは停止します。

■ローカルコンピューターで実行

　プログラムが完成したので、まずローカルコンピューターで実行してみましょう。［x86］のまま ［ローカルコンピューター］ を押してください。すると、プログラムがビルドされ、起動します。GPIO の初期化には当然失敗しますが、プログラムは立ち上がります。これによって画面デザインの確認を行うことができます。

図7.14●プログラムが起動した様子

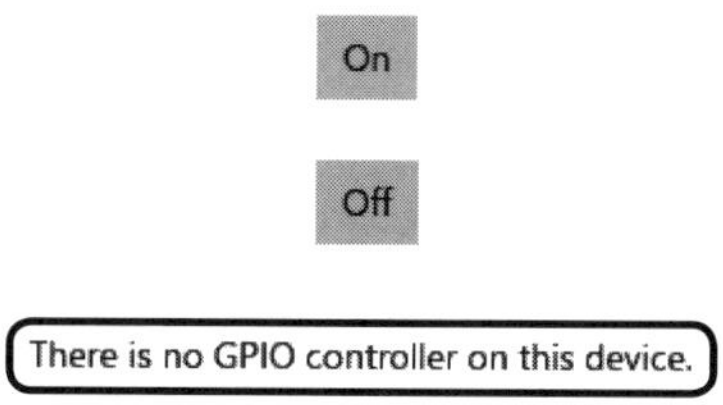

On

Off

There is no GPIO controller on this device.

この状態で［On］ボタンと［Off］ボタンをクリックしてみましょう。状態を表示する欄が変わります。

図7.15●ボタンをクリックして表示を変える

■ Raspberry Pi で実行

GUI は十分確認できたので、今度は Raspberry Pi で実行してみましょう。

まず、Raspberry Pi がネットワークに接続されていること、そして Windows 10 IoT Core が起動していることを確認してください。Raspberry Pi が起動しネットワークへ接続しているのを確認できたら、［Debug］を［Release］へ、［x86］を［ARM］へ変更します。そして、［Device］を［リモートコンピューター］へ変更します。［リモート接続］が表示されたら、Raspberry Pi を指定してください。これについてはすでに何回か解説済みです。

以降にリレーモジュールを接続した様子を示します。図 7.3 の接続図（別電源を利用する場合）に示したように配線します。電源は電池パックを用います。

図7.16●全体の接続の様子

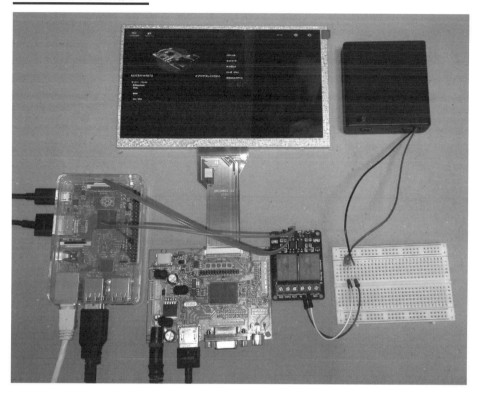

　プログラムが起動すると、Raspberry Piに接続されたHDMIディスプレイにGUIが現れます。
［On］ボタンを押すとリレーが動作し、同時にLEDが点灯します。

図7.17●［On］ボタンを押した状態

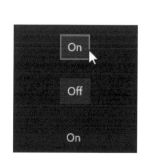 

［Off］ボタンを押すと、リレーが通常の状態に戻り、同時に LED が消灯します。

図7.18●［Off］ボタンを押した状態

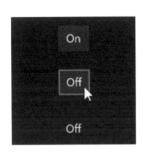

今回はリレーの負荷に LED を採用しましたが、リレーは高い電圧、大きな電流を制御できますので、リレーの定格電圧・電流内で大きな負荷をかけてみるのも良いでしょう。

PC 側の Visual Studio に戻り、赤い■ボタンを押せば実行を停止することができます。

図7.19●実行の停止

8

AC 電源の制御

AC 電源を制御するプログラムを紹介します。AC を制御しますので、AC 接続するものなら何でも制御できます。

8.1 概要

前章のプログラムを応用し、AC 電源を制御するプログラムを紹介します。AC へ接続する機器なら何でも電源を制御できるので、例えば電気湯沸かし器でお湯を沸かすこともできます。以降に、システムの接続図を示します。

図8.1●AC電源制御の概要図

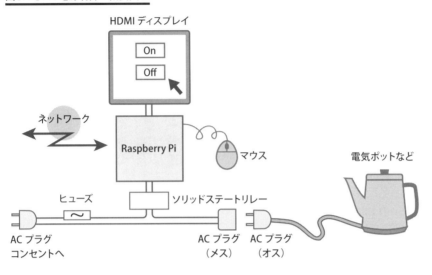

　上図の Raspberry Pi に接続する部分を、さらに詳しく図で示します。

図8.2●接続の詳細

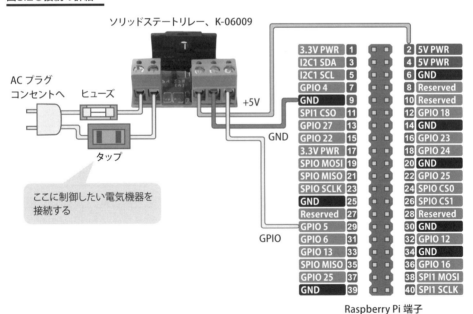

■使用するデバイス

使用する部品と、接続方法について説明します。

■ リレー

AC回路の接続／切断を行うソリッドステートリレー（SSRと略す場合もある）は、SHARP製のS108T02を使用します。このSSRを使用したモジュール（K-06009）が、秋月電子通商から販売されています。ここでは、このモジュールを利用します。SSRは、他社からもたくさん販売されています。単体でもモジュールでも販売されていますので、入手しやすいものを選べば良いでしょう。以降に、今回使用したモジュールの特徴を示します。

- リレーにシャープ社製S108T02を使用
- トランジスタによるドライバ回路付きのため、制御側への負担が少ない
- ON時には基板のLEDが点灯するため、動作の確認が容易
- ターミナルブロックを実装しているため、ケーブルの結線がドライバで簡単に行える
- 35μm（一般的な基板18μmのほぼ倍）銅箔のガラスコンポジット両面基板を使用
- AC電力制御用として特別に配慮された設計

■ AC プラグとコード

ACプラグはオスとメスが必要です。筆者は、手元にあり未使用だったACコードを切断し、オスのACプラグとACコードは、不要になったものを再利用します。

図8.3●ACプラグ（オス）とコード

　メスのACプラグは近所のスーパーで購入します。オスのACプラグやACケーブルも販売していますので、すべてをスーパーで揃えても良いでしょう。ある程度のスーパーであれば、このような簡単な部品は販売しています。入手困難なら、DIYショップまで出掛けるかネットショップで入手しましょう。以降に、購入したメスのACプラグを示します。

図8.4●ACプラグ（メス）

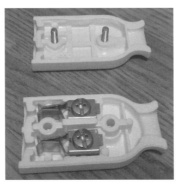

■ヒューズ

　ヒューズは、ソリッドステートリレーをWebサイトから購入するときに、秋月電子通商から同時に購入します。ACケーブルに直列に入れる形状が良いのでしょうが、今回は一般的なものを使用します。ヒューズとヒューズホルダーは別に購入する必要があります。ヒューズの定格通電電流は自身の目的にあった容量を選んでください。大容量を選ぶと事故の可能性も高くなりますので、なるべく必要最小限のものを選ぶと良いでしょう。

図8.5●ヒューズ

■部品の接続

　さて、部品は揃いましたので、接続しましょう。まず、最初にソリッドステートリレーを組み立てます。購入したモジュールはバラバラで届きましたので、これらを半田付けして組み立てます。加工の必要は一切ありません、説明書の位置にそれぞれの部品を挿し、半田付けするだけです。AC 側の端子にはそれなりの電流が流れますので、しっかり半田付けしましょう。

図8.6●ソリッドステートリレーの組み立て

　SSR にはヒートシンク（放熱板）を装着できます。消費電力の大きい負荷をつなぐと SSR が熱を発生しますので、できればヒートシンクを装着しましょう。ここでは、短時間しか使用しないので、ヒートシンクは省略します。

　次に、ヒューズをACケーブルの途中に取り付けます。実験ですので、接続部分は配線がむき出しです。できれば絶縁テープなどで巻きましょう。このまま使用する場合、むき出しの配線部分にはAC100Vが現れますので十分注意が必要です。

図8.7●ヒューズの取り付け

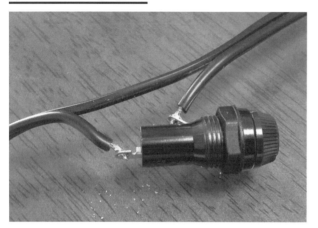

　回路には、ある程度の電流が流れますので、ヒューズホルダーはしっかり半田付けしてください。ヒューズホルダーにはヒューズを装着します。そして、ソリッドステートリレー（SSR）をACケーブルの途中に取り付けます。

図8.8●ソリッドステートリレーの取り付け

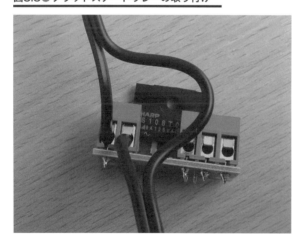

　ACケーブルの反対側にメスのACプラグを取り付けます。ACケーブルの被覆を剥いてネジ

止めするだけです。ただ、そのままの状態では AC ケーブルの芯線がヨリ線のため、ねじ止め
しても次第に外れてしまいます。そのため、あらかじめ半田処理した方が良いでしょう。ねじ
止めした後、カバーを取り付けた様子を示します。

図8.9●ACプラグ（メス）の取り付け

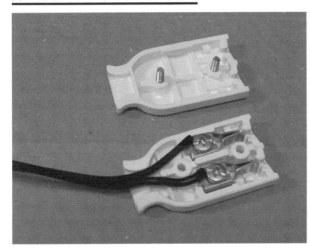
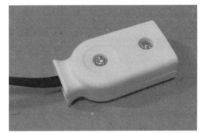

　さて、これででき上がりましたが、ソリッドステートリレーを制御する配線が済んでいませ
ん。すでに Raspberry Pi との接続図は示していますので、それに従って接続します。ソリッ
ドステートリレーへ +5V、GND、そして制御用の GPIO をそれぞれ 1 本ずつ、都合 3 本接続
します。以降に、GPIO へ接続した線をリレーモジュールへ配線した様子と、全体の配線の様
子を示します。

図8.10●リレーモジュールへ配線した様子

図8.11●全体の配線の様子

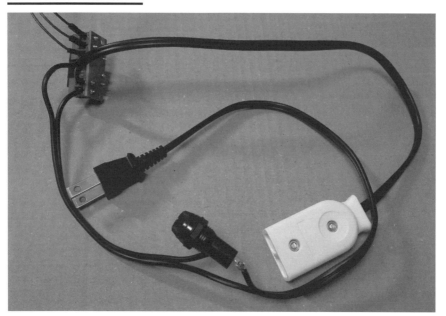

8.2 プログラム開発

　制御プログラムで行うことは前章のonOffDeviceプロジェクトとほぼ同様ですが、GPIOに
与える信号レベルが逆なため、別のプロジェクトを作成します。まず、Visual Studioで新規
プロジェクトを作成します。Visual Studioメニューから［新規作成］→［プロジェクト］を
選択して、新規のプロジェクトを作成します。

図8.12●［新規作成］→［プロジェクト］を選択

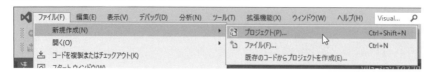

　「新しいプロジェクト」が表示されますが、たくさんのテンプレートが表示されるため「言
語」でC#を、「プロジェクトの種類」で「UWP」を選びます。そして、表示されるテンプレー

ト中から「空白のアプリ（ユニバーサル Windows）」を選択してください。プロジェクト名に
「AcControl」と入力します。名前は何でも構いませんが、これがプロジェクト名となります。

　プロジェクト名を入力して［OK］ボタンを押すと、ターゲットバージョンを指定するダイ
アログが現れる場合があります。自身の使っているバージョンに合わせてください。

図8.13●ターゲットバージョンの指定

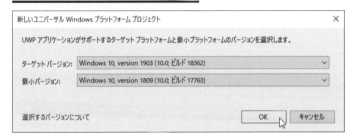

するとプロジェクトが自動で生成されるので、MainPage.xaml をクリックし、XAML ソー
スコードと GUI を表示します。GUI は前章と同じものを使用しますので、前章の MainPage.
xaml ファイルの <Grid> と </Grid> で囲まれた部分をコピーします。以降に、自動で生成され
た MainPage.xaml と GUI 部分をコピーした MainPage.xaml を示します。

リスト 8.1 ●オリジナルの MainPage.xaml

```
<Page
    x:Class="AcControl.MainPage"
    xmlns="http://schemas.microsoft.com/winfx/2006/xaml/presentation"
    xmlns:x="http://schemas.microsoft.com/winfx/2006/xaml"
    xmlns:local="using:AcControl"
    xmlns:d="http://schemas.microsoft.com/expression/blend/2008"
    xmlns:mc="http://schemas.openxmlformats.org/markup-compatibility/2006"
    mc:Ignorable="d"
    Background="{ThemeResource ApplicationPageBackgroundThemeBrush}">

    <Grid>

    </Grid>
</Page>
```

<Grid> から </Grid> の間へ先のプロジェクトで作成したものをコピーします。

リスト 8.2 ●先のプロジェクトをコピーした MainPage.xaml(32AcControl から)

```
<Page
    x:Class="AcControl.MainPage"
    xmlns="http://schemas.microsoft.com/winfx/2006/xaml/presentation"
    xmlns:x="http://schemas.microsoft.com/winfx/2006/xaml"
    xmlns:local="using:AcControl"
    xmlns:d="http://schemas.microsoft.com/expression/blend/2008"
    xmlns:mc="http://schemas.openxmlformats.org/markup-compatibility/2006"
    mc:Ignorable="d"
    Background="{ThemeResource ApplicationPageBackgroundThemeBrush}">

    <Grid>
        <Button x:Name="button" Content="On" HorizontalAlignment="Center"
            └ Margin="160,56,160,0" VerticalAlignment="Top" Click="button_Click"/>
        <Button x:Name="button1" Content="Off" HorizontalAlignment="Center"
            └ Margin="160,111,159,0" VerticalAlignment="Top"
            └ RenderTransformOrigin="0.477,1.281" Click="button1_Click"/>
        <TextBlock x:Name="textBlock" Margin="159,175,160,0" TextWrapping="Wrap"
            └ Text="Status" VerticalAlignment="Top" HorizontalAlignment="Center"/>
    </Grid>
</Page>
```

　<Grid> から </Grid> の間が挿入されたコードです。もちろん、直接 XAML コードを編集したり、Visual Studio のツールボックスとプロパティで新規にデザインしても構いません。以降に、できあがった GUI を示します。

図8.14●GUIの様子

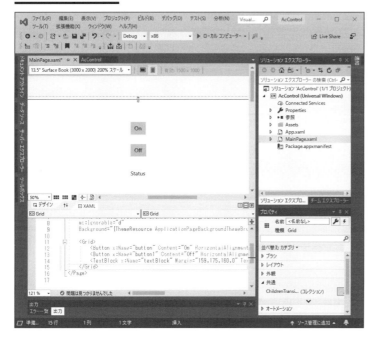

　GUIはできあがりましたが、ボタンをクリックしたときのメソッドの関連付けができていません。まず、[On] ボタンをダブルクリックし、対応するメソッドを定義します。

図8.15● [On] ボタンのクリックに対応するメソッド

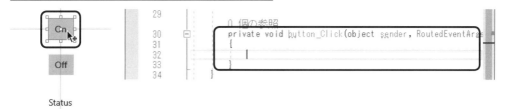

　同様に、[Off] ボタンをダブルクリックし、対応するメソッドを定義します。

図8.16●[Off] ボタンのクリックに対応するメソッド

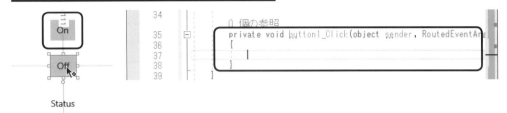

Status

　これで、ボタンとメソッドの関連付けができましたので、MainPage.xaml.cs を編集し、プログラムを完成させます。以降に、完成したソースリストを示します。ほとんど前章と同じですが、GPIO に与える信号レベルが逆になります。

リスト 8.3 ● MainPage.xaml.cs

```csharp
using Windows.UI.Xaml;
using Windows.UI.Xaml.Controls;

using Windows.Devices.Gpio;

// 空白ページの項目テンプレートについては、https://go.microsoft.com/fwlink/?LinkId=402352&
//                                          clcid=0x411 を参照してください

namespace AcControl
{
    /// <summary>
    /// それ自体で使用できる空白ページまたはフレーム内に移動できる空白ページ。
    /// </summary>
    public sealed partial class MainPage : Page
    {
        private const int LED_PIN = 5;
        private GpioPin pin;

        public MainPage()
        {
            this.InitializeComponent();

            InitGPIO();
        }

        private void button_Click(object sender, RoutedEventArgs e)
        {
            textBlock.Text = "On";
```

```
            if (pin != null)
            {
                pin.Write(GpioPinValue.High);
            }
        }

        private void button1_Click(object sender, RoutedEventArgs e)
        {
            textBlock.Text = "Off";
            if (pin != null)
            {
                pin.Write(GpioPinValue.Low);
            }
        }

        private void InitGPIO()
        {
            var gpio = GpioController.GetDefault();

            // Show an error if there is no GPIO controller
            if (gpio == null)
            {
                pin = null;
                textBlock.Text = "There is no GPIO controller on this device.";
                return;
            }

            pin = gpio.OpenPin(LED_PIN);
            pin.Write(GpioPinValue.Low);
            pin.SetDriveMode(GpioPinDriveMode.Output);
            textBlock.Text = "Off";
        }
    }
}
```

　前章のプログラムでは、InitGPIO メソッドの初期化で GPIO の信号レベルを High に初期化していました。このプログラムは Low に設定します。

　button_Click メソッドは［On］ボタンを押したときに制御の渡るメソッドです。状態を表示し、GPIO ピンの値を High に設定します。これでソリッドステートリレーが駆動されます。

　button1_Click メソッドは［Off］ボタンを押したときに制御の渡るメソッドです。状態を表示し、GPIO ピンの値を Low に設定します。これでソリッドステートリレーは停止します。

■実行の準備

　Raspberry Pi がネットワークに接続されていること、そして Windows 10 IoT Core が起動していることを確認してください。環境の確認ができたら、［Debug］を［Release］へ、［x86］を［ARM］へ、そして［Device］を［リモートコンピューター］へ変更します。すると、［リモート接続］が表示されたときの操作は、これまでと同様です。

　最後に、接続の様子を確認します。まず、AC 電源に何も接続せず、ソリッドステートリレーと Raspberry Pi を接続した様子を示します。最初の接続図に示したように配線します。

図8.17●AC以外を接続した状態

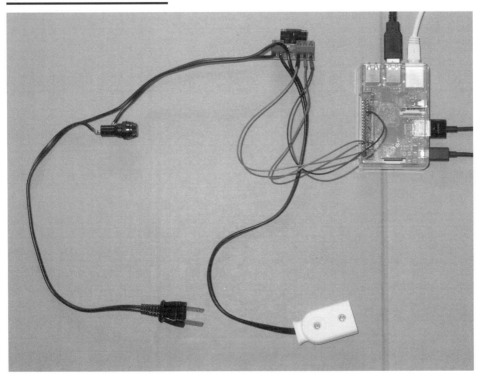

　次にオスの AC プラグを電源に接続し、制御される AC 電源側に電気ポットなどを接続します。接続する機器の消費電力が大きいとソリッドステートリレーや AC ケーブルにかかる負荷が大きくなりますので、十分注意しましょう。今回は電気ポットを接続しましたが、最初に実験する場合は消費電力の小さな機器を使う方が安全です。ヒューズも小さなものを使用し事故が起きないようにするのが良いでしょう。また、このような AC の一次側を操作する場合、安

全な場所、そして感電などが起きたときに救助できるように、複数の人間で実験することを推奨します。

図8.18●ACも接続した状態

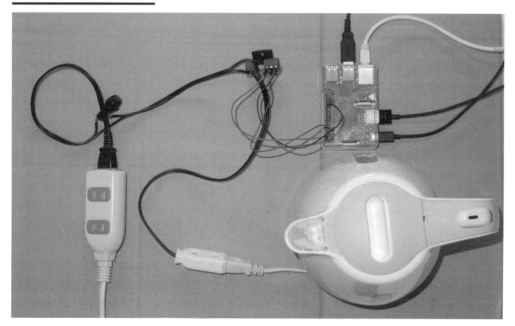

感電

　まだモニターにブラウン管が使われていた時代、電気に詳しくない人がモニターの箱を開けて、高圧に触れて卒倒したことがあります。しかも休日だったことと、机と机の間に倒れたため発見が遅れました。幸いなことにモニターの電源は切ってあったため、蓄積されていた高圧に触れて卒倒しただけでした。ほとんど電流は流れませんので、本人に何の問題もなく、卒倒時に頭を打たなかったのが不幸中の幸いでした。それ以降、実験室に入るときは1名で入ることが禁止されました。

　最近でも電気の知識のない人がインピーダンスを無視したり、100Vを不用意に扱っていたり、静電対策もせずに電子基板やLSIを扱っているのを見ると、筆者みたいな昔の人間は冷や冷やします。昔と違い、不用意な扱いをしても事故や破壊が起きないのが良いのか悪いのか、ときどき考えてしまいます。

■プログラムの実行

　プログラムが起動すると、Raspberry Piに接続されたHDMIディスプレイにGUIが現れます。［On］ボタンを押すとソリッドステートリレーが動作し、AC電源が入ります。

図8.19●AC電源オン（リレーモジュールのLEDが点灯）

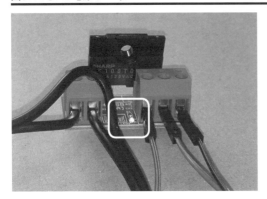

　［Off］ボタンを押すとソリッドステートリレーが通常の状態に戻り、AC電源がオフになります。

図8.20●AC電源オフ（リレーモジュールのLEDが消灯）

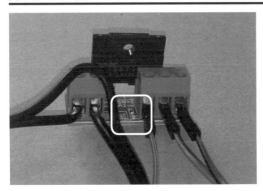

　今回はリレーの負荷に電気ポットを採用しましたが、ソリッドステートリレーは高い電圧、大きな電流を制御できますので、他の機器も制御できます。ただし、AC電源の一次側を制御しますので、漏電や発火の危険があります。あくまでも、ここで紹介した方法は実験です。不具合が生じたときは、すぐに対処できる環境で動作させてください。

9

ラジコン制御

　リードリレーを使用し、ラジコンを制御するプログラムを紹介します。市販されているラジコンには大変面白いものも多数ありますので、ここで紹介したプログラムを応用し、面白い応用を考えてください。

9.1 概要

　Raspberry Pi でラジコンを制御（操縦）するプログラムを紹介します。まず、システムの概要を示します。

図9.1●システムの概要

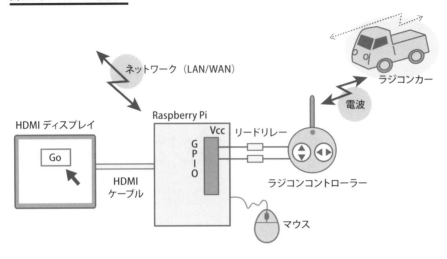

　ラジコンのコントローラースイッチを、Raspberry Pi の GPIO からリードリレー経由で制御します。上図の Raspberry Pi の GPIO やリードリレー、そしてラジコン用のコントローラー基板の接続を、さらに詳しく図で示します。

図9.2●接続の詳細

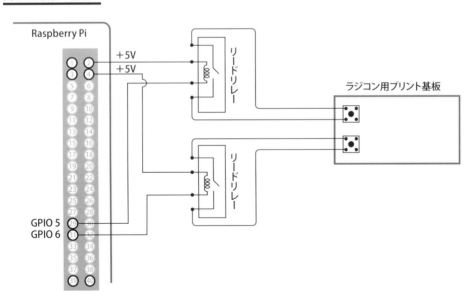

■使用するデバイス

使用する部品と、接続について説明します。

■ ラジコン

ラジコンはネット通販から 1000 円台の安価なものを購入しました。スイッチで制御するラジコンであれば、特にこだわる必要はなく、自身の気に入ったものを使用してください。ただし、コントローラー側は分解しますので、高価なものは避けた方が良いでしょう。

図9.3●使用するラジコン

■ リードリレー

ラジコンのコントローラーのスイッチを制御するリードリレーは SS1A05 を使用します。

図9.4●リードリレー

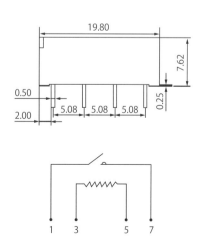

　このリードリレーは秋月電子通商から購入します。他にもたくさんのリードリレーが販売されていますので、コイル電圧、コイル電流、接点などが適合すれば、どこのメーカー製でも構いません。以降に、使用したリードリレーの仕様を示します。

- 接点：1 回路、ノーマルオープン、1 回路 A 接点（1a）接点
- コイル定格電圧：5V
- コイル定格電流：10mA ± 10%
- コイル抵抗：500 Ω± 10%
- 接点最大電圧：100VDC、100VAC
- 接点定格電流：0.1A 125VAC、0.5A 24VDC
- 接点材料：ルテニウム

　接点はノーマルオープン（1a）を使用します。これは 1 回路で、通常時オープンの接点です。コイルの電圧は 5V を選びます。Raspberry Pi から取れる電源は 3.3V か 5V ですので、適合するものを購入してください。コイルの定格電流は、なるべく小さなものを選びましょう。Raspberry Pi の GPIO 端子から取れる電流は多くありません。本プログラムを作ったとき、最初は定格電流が約 30mA の小電流の通常リレーを試しました。これを GPIO で駆動しようとしたのですが、電流不足なのかリレーは動作しませんでした。リレー自体は乾電池を使用した電源で動作を確認できたので、コイルを駆動する十分な電流が取れなかったと考えられます。そこでフォトリレーなども考えたのですが、手っ取り早くリードリレーで試してみたら、あっさり動作しました。今回はラジコン制御なので、接点側の電圧や電流は微小です。このため、一般的なリードリレーであれば問題ないでしょう。もし、接点側で大きな電圧や電流を制御したい場合、接点側の規格にも注意が必要です。

■接続

　さて、部品が揃いましたので、これらをラジコンのコントローラーと接続しましょう。まず、最初にコントローラーのネジを外し、基板を露出させます。カバーを付けた状態では、2 つのスイッチで、「前進・後進」そして「左右」の切り替えを行っています。基板を露出させたら、それぞれのスイッチに対応してタクトスイッチが配置されており、これらを押すことで、ラジコンカーを制御しているのが分かります。

図9.5●コントローラーの基板

　基板はアンテナを取り付けるネジで固定されています。このネジを外し、基板の裏側を以降に示します。タクトスイッチで回路を開閉しているのが分かります。

図9.6●コントローラーの基板（裏側）

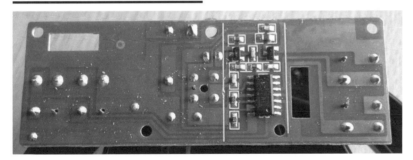

　タクトスイッチで開閉している接点を、ジャンパー線で引き出します。まず、メス‐メスのジャンパー線を用意します。片側の被覆を剥きます。このまま半田付けしても良いのですが、ジャンパー線がヨリ線を使用しているため、このまま使うと線がバラけてしまいます。そこで、あらかじめ半田処理します。

図9.7●ジャンパー線を半田処理

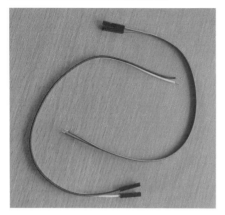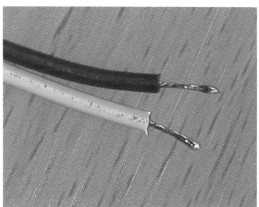

　開閉する端子部分へジャンパー線を接続します。

図9.8●ジャンパー線を基板に取り付ける

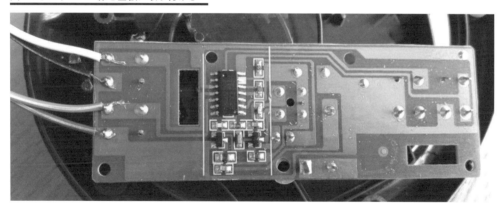

　Raspberry Pi とコントローラーのどちらからでも操作できるように、基板を元の状態に戻します。ジャンパー線の片側は、ネジ止めの穴から引き出します。元に戻さずそのまま使用しても構いませんので、この処理は重要ではありません。

図9.9●基板を元の状態に戻す

　基板と接続したジャンパー線を、先に示した接続図に従って各リードリレーに接続します。リードリレーの内側の2端子は、Raspberry Piの端子へ接続します。

図9.10●基板とリードリレー、Raspberry Piを接続する

　以降に、全体の接続が完了した様子を示します。左側からRaspberry Pi、リードリレー、コントローラーです。

図9.11●全体の様子

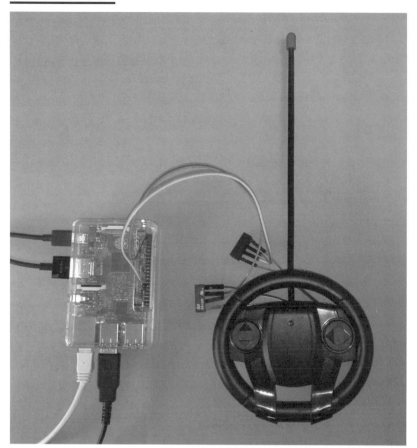

9.2 プログラム開発

プログラムを新規開発します。手順はこれまでと同様です。GUIとXAMLの様子を示します。

図9.12●GUI

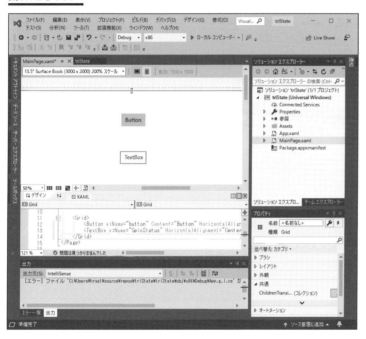

以降に、完成した MainPage.xaml と MainPage.xaml.cs のソースリストを示します。

リスト 9.1 ● MainPage.xaml

```xml
<Page
    x:Class="triState.MainPage"
    xmlns="http://schemas.microsoft.com/winfx/2006/xaml/presentation"
    xmlns:x="http://schemas.microsoft.com/winfx/2006/xaml"
    xmlns:local="using:triState"
    xmlns:d="http://schemas.microsoft.com/expression/blend/2008"
    xmlns:mc="http://schemas.openxmlformats.org/markup-compatibility/2006"
    mc:Ignorable="d"
    Background="{ThemeResource ApplicationPageBackgroundThemeBrush}">
```

```
    <Grid>
        <Button x:Name="button" Content="Button" HorizontalAlignment="Center"
            └ Margin="10,57,0,0" VerticalAlignment="Top" Click="button_Click"/>
        <TextBox x:Name="GpioStatus" HorizontalAlignment="Center"
            └ Margin="10,151,0,0" TextWrapping="Wrap" Text="TextBox"
            └ VerticalAlignment="Top"/>
    </Grid>
</Page>
```

<Grid> から </Grid> の間が、挿入されたコードです。直接 XAML コードを編集、あるいは
Visual Studio のツールボックスとプロパティで編集しても構いません。

リスト 9.2 ● MainPage.xaml.cs

```
using Windows.UI.Xaml;
using Windows.UI.Xaml.Controls;

using Windows.Devices.Gpio;

// 空白ページの項目テンプレートについては、https://go.microsoft.com/fwlink/?LinkId=402352&
                                                clcid=0x411 を参照してください

namespace triState
{
    /// <summary>
    /// それ自体で使用できる空白ページまたはフレーム内に移動できる空白ページ。
    /// </summary>
    public sealed partial class MainPage : Page
    {
        public MainPage()
        {
            this.InitializeComponent();

            InitGPIO();

            button.Content = STR_STATE_GO;
            GpioStatus.Text = "現在の状態: " + STR_STATE_STOP;
        }

        private void InitGPIO()
        {
            var gpio = GpioController.GetDefault();
```

```
        // Show an error if there is no GPIO controller
        if (gpio == null)
        {
            goPin = null;
            backPin = null;
            GpioStatus.Text = "There is no GPIO controller on this device.";
            return;
        }

        goPin = gpio.OpenPin(GO_PIN);
        goPin.Write(GpioPinValue.High);
        goPin.SetDriveMode(GpioPinDriveMode.Output);

        backPin = gpio.OpenPin(BACK_PIN);
        backPin.Write(GpioPinValue.High);
        backPin.SetDriveMode(GpioPinDriveMode.Output);

        GpioStatus.Text = "GPIO pin initialized correctly.";
    }

private void button_Click(object sender, RoutedEventArgs e)
{
        if (SwStatus == STATE_STOP)
        {
            SwStatus = STATE_GO;
            button.Content = STR_STATE_BACK;

            goPin.Write(GpioPinValue.Low);
            backPin.Write(GpioPinValue.High);
            GpioStatus.Text = "現在の状態: " + STR_STATE_GO;
        }
        else if (SwStatus == STATE_GO)
        {
            SwStatus = STATE_BACK;
            button.Content = STR_STATE_STOP;

            goPin.Write(GpioPinValue.High);
            backPin.Write(GpioPinValue.Low);
            GpioStatus.Text = "現在の状態: " + STR_STATE_BACK;
        }
        else
        {
            SwStatus = STATE_STOP;
```

```
            button.Content = STR_STATE_GO;

            goPin.Write(GpioPinValue.High);
            backPin.Write(GpioPinValue.High);
            GpioStatus.Text = "現在の状態: " + STR_STATE_STOP;
        }
    }

    private int SwStatus = STATE_STOP;
    private const int GO_PIN = 5;
    private const int BACK_PIN = 6;

    private const int STATE_STOP = 0;
    private const int STATE_GO = 1;
    private const int STATE_BACK = 2;

    private const string STR_STATE_STOP = "Stop";
    private const string STR_STATE_GO = "Go";
    private const string STR_STATE_BACK = "Back";

    private GpioPin goPin, backPin;
    }
}
```

　本プログラムは、Raspberry Pi に接続された HDMI ディスプレイに表示されるボタンをマウスでクリックすると、ラジコンが直進、バック、停止を繰り返します。

　InitGPIO メソッドは、GPIO を初期化し、使用するピンの設定を行います。初期化に失敗した場合、メッセージを表示します。GUI の動作をチェックしたかったため、GPIO の初期化に失敗したときでもそれなりに動作を続けるように少し工夫していますが、他は一般的なコードです。

　button_Click メソッドは、ボタンを押したときに制御の渡るメソッドです。状態を表示し、GPIO の 5 番、6 番ピンの値を各モードによって変更します。これでリレーが駆動され、ラジコンが直進、バック、停止を繰り返します。ラジコンは次に示す各動作を繰り返します。

図9.13●ラジコンが繰り返す動作

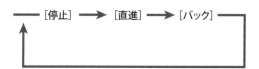

コードは if 文を多用して状態を判断しています。このようなコードはスマートとは言えませんが、今回は分かりやすさを優先しました。ボタン表示の遷移を示します。ボタンは次の状態を示しますので、動作の状態と比較しズレます。

図9.14●ボタン表示の遷移

■実行

[Release]、[ARM] を選択した後 [リモートコンピューター] をクリックして、Raspberry Pi で動作させます。起動画面を示します。

図9.15●起動画面

ここで [Go] ボタンをクリックすると、現在の状態が「Go」に変わり、ラジコンカーは直進します。そしてクリックしたボタンの表示は「Back」に変わります。これは、ラジコンカーが現在直進中であることと、ボタンを押せばラジコンカーの動きが後退に変わることを示します。

図9.16● [Go] ボタンをクリックした後の画面

　ここで［Back］ボタンをクリックすると、現在の状態が「Back」に変わり、ラジコンカーは後退します。そしてクリックしたボタンの表示は「Stop」に変わります。これは、ラジコンカーが現在後退中であることと、ボタンを押せばラジコンカーが停止することを示します。

図9.17● [Back] ボタンをクリックした後の画面

　ここで［Stop］ボタンをクリックすると、現在の状態が「Stop」に変わり、ラジコンカーは停止します。そしてクリックしたボタンの表示は「Go」に変わります。つまり、プログラムの起動直後の状態に戻ります。これは、ラジコンカーが現在停止中であることと、ボタンを押せばラジコンカーが直進することを示します。

図9.18● [Stop] ボタンをクリックした後の画面

　使用したラジコンカーは、動作が速すぎて制御に苦労しました。少し消耗した電池など使い、速度が出ないようにするのも良いでしょう。あるいは、戦車などの速度の遅いものを使うのも良いでしょう。なお、この例では、停止に加え、前進と後進しか選べません。Raspberry Pi の GPIO は多数ありますので、UI やプログラムを変更して左右の動作を制御するのも良いでしょう。ここではラジコンを制御しましたが、応用は無限です。

10

ブラウザを使った制御

この章では、これまでに紹介してきた「LED 点滅」（第 4 章）、「AC 電源の制御」（第 8 章）、「ラジコン制御」（第 9 章）をブラウザ経由で行うプログラム例を紹介します。ブラウザから操作できますので、遠隔地から制御できます。今回は、PC だけでなくスマートフォンからも制御します。

10.1 LED 点滅

ブラウザ経由で LED を点滅させる手順を示します。LED などの接続については第 4 章を参照してください。プログラムは、ダウンロードしたサンプルプログラムを使用します。サンプルプログラムのフォルダ以下の samples-master¥App2App WebServer フォルダには、BlinkyWebService.sln と HttpServer.sln が含まれています。ただ、最新のサンプルでは内容が異なっているようですので、なるべくソースコードを多く掲載します。また、プロジェクトすべてをダウンロードファイルに含めます。以降に、システムの構成図を示します。

図10.1●システムの構成図

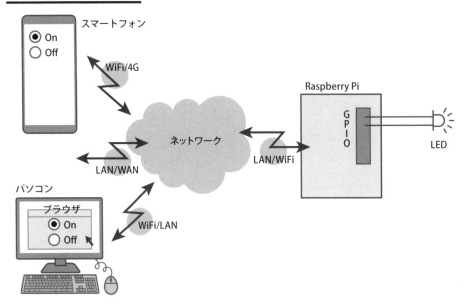

サンプルプログラムの内容は日々変化しています。念のため、本書で紹介したバージョンの
サンプルプログラムをダウンロードファイルで提供します。サンプルプログラムは、すでに説
明したように MIT ライセンスを採用していますので、ライセンス条項を記載したファイルを
プロジェクトに含んでいます。

■ BlinkyWebService プロジェクト

BlinkyWebService.sln をダブルクリックして、Visual Studio を起動するか、Visual Studio
から BlinkyWebService.sln を読み込み、リモートコンピューターで起動します。

図10.2●リモートコンピューターで起動

これまで説明した方法に従い、Raspberry Pi で実行します。[Release]、[ARM] を選択した後 [リモートコンピューター] をクリックして、Raspberry Pi で動作させます。このプロジェクトが起動すると、Raspberry Pi に接続した HDMI ディスプレイには GUI 画面が現れます。

■ HttpServer プロジェクト

BlinkyWebService プロジェクトを動作させたまま、HttpServer.sln をダブルクリックして、もう 1 つの Visual Studio を起動します。HttpServer プロジェクトは、BlinkyWebService が完全に立ち上がっているのを確認してから起動してください。完全に立ち上がっていることを確認するには、Raspberry Pi の画面や、Windows Device Portal を観察することによって判断できます。

図10.3●別のプロジェクトを起動

[Release]、[ARM] を選択した後 [リモートコンピューター] をクリックして、Raspberry Pi で動作させます。

Windows Device Portal で Apps manager を表示した様子を次に示します。Windows Device Portal については、2.4 節「Windows 10 IoT Core の管理」を参照してください。Windows Device Portal を開くにはアカウントの入力が必要です。BlinkyWebService と HttpServer が動作していることを観察できます。

図10.4●Windows Device Portal

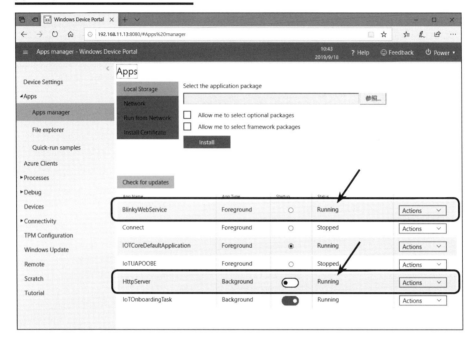

■動作の様子

2つのプロジェクトが動作したら、ホスト側のPCでブラウザを起動します。そしてURLに、「Raspberry PiのIPアドレス:8000」を指定します（8000はポート番号）。以降にブラウザを開いた様子を示します。これはスマートフォンを使用しても構いません。

図10.5●ブラウザでアクセスした様子

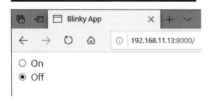

Raspberry Piに割り当てられているIPアドレスが不明な場合は、Raspberry Piの起動時にIPアドレスをメモしておくか、Windows Device Portalを覗いてください。

スマートフォンやPCでブラウザを起動し、[On] ボタンか [Off] ボタンをクリックすると、

LED が点灯あるいは消灯します。それと同時に、Raspberry Pi に接続した HDMI ディスプレイの画面も変化します。以降にスマートフォンから LED を制御した様子を示します。

図10.6●[On]ボタンをタップしたときの画面

[Off]にした時の画面を示します。

図10.7●[Off]ボタンをタップしたときの画面

先の図はスマートフォンから制御したものでしたが、以降に PC のブラウザから LED を on/off した様子を示します。

図10.8●PCのブラウザからLEDをon/off

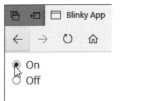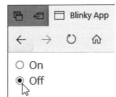

■プログラムの説明

　この例では提供されたサンプルをそのまま利用します。提供されるバージョンによってサンプルプログラムも異なるので、多くのソースリストを示します。これらのソースファイルは、MIT ライセンスですので、LICENSE.txt を含んでいます。著作権に十分注意を払い、MIT ライセンスに違反しないようにしましょう。

■ BlinkyWebService.sln

　BlinkyWebService ソリューションに含まれる主要なソースリストを示します。本プロジェクトは、App2AppCommunication と BlinkyApp の 2 つのプロジェクトを含んでいます。これらはサービスとして動作します。

リスト 10.1 ● AppService.cs

```
using Windows.ApplicationModel.AppService;
using Windows.ApplicationModel.Background;

namespace App2AppCommunication
{
    public sealed class AppService : IBackgroundTask
    {
        public void Run(IBackgroundTaskInstance taskInstance)
        {
            // Get the deferral object from the task instance
            serviceDeferral = taskInstance.GetDeferral();

            var appService = taskInstance.TriggerDetails
                                              ∟ as AppServiceTriggerDetails;
            if (appService != null &&
                appService.Name == "App2AppComService")
            {
                appServiceConnection = appService.AppServiceConnection;
                appServiceConnection.RequestReceived += OnRequestReceived;
            }
        }

        private void OnRequestReceived(AppServiceConnection sender,
                            ∟ AppServiceRequestReceivedEventArgs args)
        {
            var messageDefferal = args.GetDeferral();
```

```
            var message = args.Request.Message;
            string command = message["Command"] as string;

            messageDefferal.Complete();

            switch (command)
            {
                case "Off":
                case "On":
                    var localSettings =
                        └ Windows.Storage.ApplicationData.Current.LocalSettings;
                    localSettings.Values["BlinkyState"] = command;
                    Windows.Storage.ApplicationData.Current.SignalDataChanged();
                    break;
                case "Quit":
                    //Service was asked to quit. Give us service deferral
                    //so platform can terminate the background task
                    serviceDeferral.Complete();
                    break;
            }
        }

        BackgroundTaskDeferral serviceDeferral;
        AppServiceConnection appServiceConnection;
    }
}
```

MainPage.xaml を示します。この内容を変更すると、Raspberry Pi のディスプレイに表示される内容を変更できます。

リスト 10.2 ● MainPage.xaml（¥BlinkyApp¥BlinkyApp¥ 配下）

```
<Page
    x:Class="BlinkyWebService.MainPage"
    xmlns="http://schemas.microsoft.com/winfx/2006/xaml/presentation"
    xmlns:x="http://schemas.microsoft.com/winfx/2006/xaml"
    xmlns:local="using:BlinkyWebService"
    xmlns:d="http://schemas.microsoft.com/expression/blend/2008"
    xmlns:mc="http://schemas.openxmlformats.org/markup-compatibility/2006"
    mc:Ignorable="d">
```

```
    <Grid Background="{ThemeResource ApplicationPageBackgroundThemeBrush}">
        <StackPanel HorizontalAlignment="Center" VerticalAlignment="Center">
            <Ellipse x:Name="LED" Fill="LightGray" Stroke="White" Width="100"
                                                  ∟ Height="100" Margin="10"/>
            <TextBlock x:Name="StateText" Text="OFF" Margin="10"
                                 ∟ TextAlignment="Center" FontSize="26.667" />
            <TextBlock x:Name="GpioStatus" Text="Waiting to initialize GPIO..."
                   ∟ Margin="10,50,10,10" TextAlignment="Center" FontSize="26.667" />
        </StackPanel>
    </Grid>
</Page>
```

　MainPage.xaml.cs を示します。このファイルに GPIO の初期化や制御を行う部分が含まれます。

リスト 10.3 ● MainPage.xaml.cs（¥BlinkyApp¥BlinkyApp¥ 配下）

```
using System;
using System.Threading.Tasks;
using Windows.Devices.Gpio;
using Windows.Storage;
using Windows.UI.Core;
using Windows.UI.Xaml.Controls;
using Windows.UI.Xaml.Media;

namespace BlinkyWebService
{
    public sealed partial class MainPage : Page
    {
        public MainPage()
        {
            InitializeComponent();
            InitGPIO();

            ApplicationData.Current.DataChanged += async (d, a) =>
                                         ∟ await HandleDataChangedEvent(d, a);
        }

        private async Task HandleDataChangedEvent(ApplicationData data,
                                                            ∟ object args)
        {
```

```
        try
        {
            var localSettings = ApplicationData.Current.LocalSettings;
            if (!localSettings.Values.ContainsKey("BlinkyState"))
            {
                return;
            }

            string newState = localSettings.Values["BlinkyState"] as string;
            switch (newState)
            {
                case "On":
                    if (LEDStatus == 0)
                    {
                        await Dispatcher.RunAsync(
                        └ CoreDispatcherPriority.Normal, () => { FlipLED(); });
                    }
                    break;
                case "Off":
                    if (LEDStatus == 1)
                    {
                        await Dispatcher.RunAsync(
                        └ CoreDispatcherPriority.Normal, () => { FlipLED(); });
                    }
                    break;
                case "Unspecified":
                default:
                    // Do nothing
                    break;
            }
        }
        catch (Exception)
        {
            // Do nothing
        }
    }

    private void InitGPIO()
    {
        var gpio = GpioController.GetDefault();

        // Show an error if there is no GPIO controller
        if (gpio == null)
        {
```

```
            pin = null;
            GpioStatus.Text = "There is no GPIO controller on this device.";
            return;
        }

        pin = gpio.OpenPin(LED_PIN);
        pin.Write(GpioPinValue.High);
        pin.SetDriveMode(GpioPinDriveMode.Output);

        GpioStatus.Text = "GPIO pin initialized correctly.";
    }

    private void FlipLED()
    {
        if (LEDStatus == 0)
        {
            LEDStatus = 1;
            if (pin != null)
            {
                // to turn on the LED, we need to push the pin 'low'
                pin.Write(GpioPinValue.Low);
            }
            LED.Fill = redBrush;
            StateText.Text = "On";
        }
        else
        {
            LEDStatus = 0;
            if (pin != null)
            {
                pin.Write(GpioPinValue.High);
            }
            LED.Fill = grayBrush;
            StateText.Text = "Off";
        }
    }

    private int LEDStatus = 0;
    private const int LED_PIN = 5;
    private GpioPin pin;
    private SolidColorBrush redBrush = new SolidColorBrush(
                                        └ Windows.UI.Colors.Red);
    private SolidColorBrush grayBrush = new SolidColorBrush(
                                        └ Windows.UI.Colors.LightGray);
```

```
    }
}
```

■ HttpServer.sln

HttpServer ソリューションに含まれる主要なソースリストを示します。ソリューションは http サーバーを実装しています。

public sealed class HttpServer : IDisposable に含まれる、string の offHtmlString と onHtmlString が表示に使われる html ですので、この内容を変更すると表示形式を変更できます。

リスト 10.4 ● StartupTask.cs (¥HttpServer¥ 配下)

```csharp
using System;
using System.Text;
using Windows.Foundation.Collections;
using Windows.ApplicationModel.Background;
using Windows.ApplicationModel.AppService;
using Windows.Networking.Sockets;
using System.IO;
using Windows.Storage.Streams;
using System.Threading.Tasks;
using System.Runtime.InteropServices.WindowsRuntime;

// The Background Application template is documented at http://go.microsoft.com/
                                        fwlink/?LinkID=533884&clcid=0x409

namespace HttpServer
{
    public sealed class StartupTask : IBackgroundTask
    {
        BackgroundTaskDeferral serviceDeferral;
        HttpServer httpServer;

        public void Run(IBackgroundTaskInstance taskInstance)
        {
            // Get the deferral object from the task instance
            serviceDeferral = taskInstance.GetDeferral();
```

```csharp
            httpServer = new HttpServer(8000);
            httpServer.StartServer();
        }

    }

    public sealed class HttpServer : IDisposable
    {
        private const string offHtmlString = "<html><head><title>Blinky App</title>
            └ </head><body><form action=\"blinky.html\" method=\"GET\">
            └ <input type=\"radio\" name=\"state\" value=\"on\"
            └ onclick=\"this.form.submit()\"> On<br><input type=\"radio\"
            └ name=\"state\" value=\"off\" checked onclick=\"this.form.submit()\">
            └ Off</form></body></html>";
        private const string onHtmlString = "<html><head><title>Blinky App</title>
            └ </head><body><form action=\"blinky.html\" method=\"GET\"><input
            └ type=\"radio\" name=\"state\" value=\"on\" checked
            └ onclick=\"this.form.submit()\"> On<br><input type=\"radio\"
            └ name=\"state\" value=\"off\" onclick=\"this.form.submit()\"> Off
            └ </form></body></html>";
        private const uint BufferSize = 8192;
        private int port = 8000;
        private StreamSocketListener listener;
        private AppServiceConnection appServiceConnection;

        public HttpServer(int serverPort)
        {
            listener = new StreamSocketListener();
            listener.Control.KeepAlive = true;
            listener.Control.NoDelay = true;

            port = serverPort;
            listener.ConnectionReceived += async (s, e) => {
                                    └ await ProcessRequestAsync(e.Socket); };
        }

        public void StartServer()
        {
            Task.Run(async () =>
            {
                await listener.BindServiceNameAsync(port.ToString());

                // Initialize the AppServiceConnection
                appServiceConnection = new AppServiceConnection();
```

```
        appServiceConnection.PackageFamilyName =
                              └ "BlinkyWebService_1w720vyc4ccym";
        appServiceConnection.AppServiceName = "App2AppComService";

        // Send a initialize request
        var res = await appServiceConnection.OpenAsync();
        if (res != AppServiceConnectionStatus.Success)
        {
            throw new Exception("Failed to connect to the AppService");
        }
    });
}


public void Dispose()
{
    listener.Dispose();
}

private async Task ProcessRequestAsync(StreamSocket socket)
{
    // this works for text only
    StringBuilder request = new StringBuilder();
    byte[] data = new byte[BufferSize];
    IBuffer buffer = data.AsBuffer();
    uint dataRead = BufferSize;
    using (IInputStream input = socket.InputStream)
    {
        while (dataRead == BufferSize)
        {
            await input.ReadAsync(buffer, BufferSize,
                                  └ InputStreamOptions.Partial);
            request.Append(Encoding.UTF8.GetString(data, 0, data.Length));
            dataRead = buffer.Length;
        }
    }

    string requestAsString = request.ToString();
    string[] splitRequestAsString = requestAsString.Split('\n');
    if (splitRequestAsString.Length != 0)
    {
        string requestMethod = splitRequestAsString[0];
        string[] requestParts = requestMethod.Split(' ');
        if (requestParts.Length > 1)
```

```
                {
                    if (requestParts[0] == "GET")
                        WriteResponse(requestParts[1], socket);
                    else
                        throw new InvalidDataException(
                                           └ "HTTP method not supported: "
                            + requestParts[0]);
                }
            }
        }

        private void WriteResponse(string request, StreamSocket socket)
        {
            // See if the request is for blinky.html, if yes get the new state
            string state = "Unspecified";
            bool stateChanged = false;
            if (request.Contains("blinky.html?state=on"))
            {
                state = "On";
                stateChanged = true;
            }
            else if (request.Contains("blinky.html?state=off"))
            {
                state = "Off";
                stateChanged = true;
            }

            if (stateChanged)
            {
                var updateMessage = new ValueSet();
                updateMessage.Add("Command", state);
#pragma warning disable CS4014
                appServiceConnection.SendMessageAsync(updateMessage);
#pragma warning restore CS4014
            }

            string html = state == "On" ? onHtmlString : offHtmlString;
            byte[] bodyArray = Encoding.UTF8.GetBytes(html);
            // Show the html
            using (var outputStream = socket.OutputStream)
            {
                using (Stream resp = outputStream.AsStreamForWrite())
                {
                    using (MemoryStream stream = new MemoryStream(bodyArray))
```

```
                        {
                            string header = String.Format("HTTP/1.1 200 OK¥r¥n" +
                                            "Content-Length: {0}¥r¥n" +
                                            "Connection: close¥r¥n¥r¥n",
                                            stream.Length);
                            byte[] headerArray = Encoding.UTF8.GetBytes(header);
                            resp.Write(headerArray, 0, headerArray.Length);
                            stream.CopyTo(resp);
                            resp.Flush();
                        }
                    }
                }
            }
        }
}
```

　内容についてはサンプルに付属する説明や、ソースリストを参照してください。難しいことはやっていませんが、基本的な知識がない初心者が理解するには時間が必要でしょう。本章の目的はブラウザ経由で Raspberry Pi を制御することですので、Windows サービスや http サーバーの説明に十分なページは割きません。

■ Windows Device Portal から実行

　Raspberry Pi に配置したプログラムは、Visual Studio を終了させても Raspberry Pi には配置されたままで、単に停止しているだけです。ここでは、先ほどの 2 つのプログラム Windows Device Portal から実行する例を紹介します。

　Windows Device Portal で Apps manager を表示した様子を次に示します。BlinkyWebService と HttpServer が停止していることを観察できます。

図10.9●Windows Device Portal

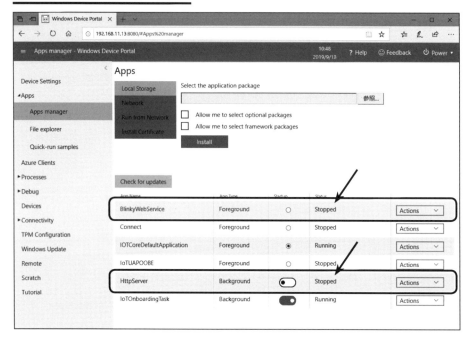

「Action」を使用して、BlinkyWebService と HttpServer を開始します。BlinkyWebService を開始してから HttpServer を開始します。

図10.10●BlinkyWebServiceとHttpServerを開始

上記の操作を行い、しばらくすると BlinkyWebService と HttpServer が開始します。

図10.11●Windows Device Portal

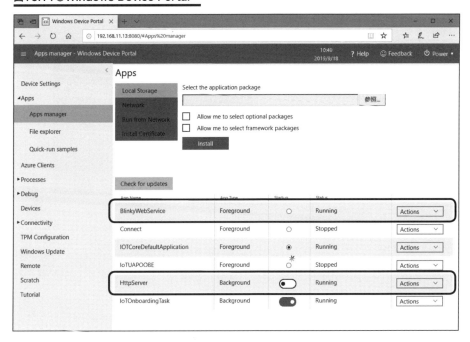

この状態になったら、ホスト側のPCでブラウザを起動します。そしてURLに、「Raspberry Piの IP アドレス :8000」を指定します（8000 はポート番号）。ブラウザの［On］ボタンか［Off］ボタンをクリックすると、LED が点灯あるいは消灯します。それと同時に、Raspberry Pi に接続した HDMI ディスプレイの画面も変化するとともに、LED も点灯と消灯を行います。

図10.12●［On］ボタンをクリックしたときの画面

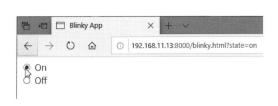

［Off］にした時の画面を示します。

図10.13● ［Off］ボタンをクリックしたときの画面

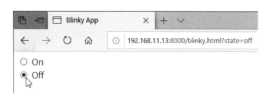

ここに示したように Visual Studio で開発したプログラムをリモートコンピューターで実行する操作を繰り返すと、たくさんのプログラムが配置されたままとなります。このため、Windows Device Portal で Apps manager を表示させると、たくさんのプログラムが配置されているのを観察できます。

デバッグなどを繰り返すと、たくさんのプログラムが残骸のように残りますので、たまには、Windows 10 IoT Core Dashboard を使用して Windows 10 IoT Core をインストールした microSD カードを初期化すると良いでしょう。microSD カードを初期化しなくても、プログラムを Uninstall することもできますが、動作が不安定になったときは初期化することを勧めます。

10.2 AC 電源の制御

Raspberry Pi 周りの配線は第 8 章と同じものを使用します。システムの構成図を次に示します。

図10.14●システムの構成図

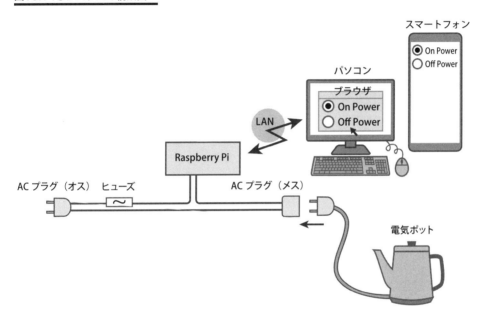

■プログラム

制御プログラムは、前節で紹介した LED を点灯、消灯するプロジェクトを流用します。ただし、オン／オフのレベルが先の例と逆になるため、多少の改造が必要です。

■ BlinkyWebService プロジェクト

BlinkyWebService.sln をダブルクリックして、Visual Studio を起動するか、Visual Studio から BlinkyWebService.sln を読み込み、リモートコンピューターで起動します。

図10.15●BlinkyWebServiceプロジェクトを開いた様子

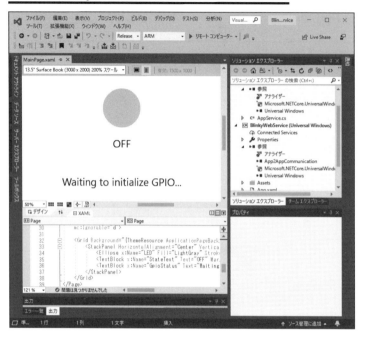

　今回使用するソリッドステートリレーモジュールは、動作を観察できるLEDを装備しているためGUIを使用しないことにします。MainPage.xamlに下記の記述が存在します。

リスト10.3●変更前

```
<Grid Background="{ThemeResource ApplicationPageBackgroundThemeBrush}">
    <StackPanel HorizontalAlignment="Center" VerticalAlignment="Center">
        <Ellipse x:Name="LED" Fill="LightGray" Stroke="White" Width="100"
                                            ∟ Height="100" Margin="10"/>
        <TextBlock x:Name="StateText" Text="OFF" Margin="10" TextAlignment="Center"
                                                ∟ FontSize="26.667" />
        <TextBlock x:Name="GpioStatus" Text="Waiting to initialize GPIO..."
                ∟ Margin="10,50,10,10" TextAlignment="Center" FontSize="26.667" />
    </StackPanel>
</Grid>
```

　これをコメントアウトします。次図に示すように、コメントアウトしたい部分を選択して、画面の左上にあるボタンをクリックします。headlessモードに設定すると、さらにリソースを低減できます。

図10.16●コメントアウト

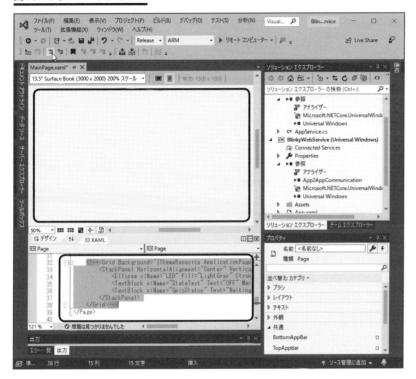

リスト 10.4 ●変更後

```
<!--<Grid Background="{ThemeResource ApplicationPageBackgroundThemeBrush}">
    <StackPanel HorizontalAlignment="Center" VerticalAlignment="Center">
        <Ellipse x:Name="LED" Fill="LightGray" Stroke="White" Width="100"
                                        └ Height="100" Margin="10"/>
        <TextBlock x:Name="StateText" Text="OFF" Margin="10" TextAlignment="Center"
                                        └ FontSize="26.667" />
        <TextBlock x:Name="GpioStatus" Text="Waiting to initialize GPIO..."
                └ Margin="10,50,10,10" TextAlignment="Center" FontSize="26.667" />
    </StackPanel>
</Grid>-->
```

　次に、オリジナルプログラムのオン／オフと極性が逆になるため、［BlinkyWebService］-
［MainPage.xaml］-［MainPage.xaml.cs］をクリックし、ソースコードを表示させます。同時
にGUIをなくしたので、GUIに関するコードもコメントアウトします。

まず、オリジナルの InitGPIO メソッドを示します。

リスト 10.5 ●変更前のソースコード

```
private void InitGPIO()
{
    var gpio = GpioController.GetDefault();

    // Show an error if there is no GPIO controller
    if (gpio == null)
    {
        pin = null;
        GpioStatus.Text = "There is no GPIO controller on this device.";
        return;
    }

    pin = gpio.OpenPin(LED_PIN);
    pin.Write(GpioPinValue.High);
    pin.SetDriveMode(GpioPinDriveMode.Output);

    GpioStatus.Text = "GPIO pin initialized correctly.";
}
```

以降に、改変した InitGPIO メソッドを示します。GUI をやめたため、GpioStatus.Text への表示をコメントアウトします。そして、GPIO の初期値を High から Low へ変更します。これでソリッドステートリレーはオフになり AC 電源は供給されません。

リスト 10.6 ●変更後のソースコード

```
private void InitGPIO()
{
    var gpio = GpioController.GetDefault();

    // Show an error if there is no GPIO controller
    if (gpio == null)
    {
        pin = null;
        //GpioStatus.Text = "There is no GPIO controller on this device.";
        return;
    }

    pin = gpio.OpenPin(LED_PIN);
```

```
    //pin.Write(GpioPinValue.High);
    pin.Write(GpioPinValue.Low);
    pin.SetDriveMode(GpioPinDriveMode.Output);

    //GpioStatus.Text = "GPIO pin initialized correctly.";
}
```

　次に、FlipLEDメソッドもオン／オフの極性を逆にしなければなりません。先ほどと同様にGUIをなくしたので、GUIに関するコードもコメントアウトします。まず、オリジナルのFlipLEDメソッドを示します。

リスト10.7 ●変更前のソースコード

```
private void FlipLED()
{
    if (LEDStatus == 0)
    {
        LEDStatus = 1;
        if (pin != null)
        {
            // to turn on the LED, we need to push the pin 'low'
            pin.Write(GpioPinValue.Low);
        }
        LED.Fill = redBrush;
        StateText.Text = "On";
    }
    else
    {
        LEDStatus = 0;
        if (pin != null)
        {
            pin.Write(GpioPinValue.High);
        }
        LED.Fill = grayBrush;
        StateText.Text = "Off";
    }
}
```

　以降に、改変したFlipLEDメソッドを示します。GUIをやめたため、StateText.Textへの表示をコメントアウトし、表示色を変更する処理もコメントアウトします。そして、GPIOへの

設定値を、High から Low へ、Low から High へ変更します。

リスト 10.8 ●変更後のソースコード

```
private void FlipLED()
{
    if (LEDStatus == 0)
    {
        LEDStatus = 1;
        if (pin != null)
        {
            // to turn on the LED, we need to push the pin 'low'
            //pin.Write(GpioPinValue.Low);
            pin.Write(GpioPinValue.High);
        }
        //LED.Fill = redBrush;
        //StateText.Text = "On";
    }
    else
    {
        LEDStatus = 0;
        if (pin != null)
        {
            //pin.Write(GpioPinValue.High);
            pin.Write(GpioPinValue.Low);
        }
        //LED.Fill = grayBrush;
        //StateText.Text = "Off";
    }
}
```

　最後に、いくつか不要な SolidColorBrush の定義などをコメントアウトします。以降に、オリジナルのソースコードと、改変後のソースコードを示します。

リスト 10.9 ●変更前のソースコード

```
private int LEDStatus = 0;
private const int LED_PIN = 5;
private GpioPin pin;
private SolidColorBrush redBrush = new SolidColorBrush(Windows.UI.Colors.Red);
private SolidColorBrush grayBrush = new SolidColorBrush(
                                          └ Windows.UI.Colors.LightGray);
```

リスト 10.10 ●変更後のソースコード

```
private int LEDStatus = 0;
private const int LED_PIN = 5;
private GpioPin pin;
//private SolidColorBrush redBrush = new SolidColorBrush(Windows.UI.Colors.Red);
//private SolidColorBrush grayBrush = new SolidColorBrush(
                                   ┗ Windows.UI.Colors.LightGray);
```

　これまで説明した方法に従い、Raspberry Pi で実行します。［Release］、［ARM］を選択した後［リモートコンピューター］をクリックして、Raspberry Pi で動作させます。

■ HttpServer プロジェクト

　BlinkyWebService プロジェクトを動作させたまま、HttpServer.sln をダブルクリックして、もう 1 つの Visual Studio を起動します。そして、ブラウザに表示する内容を変更するため、HTML を書き換えた様子を示します。

図10.17●HttpServerプロジェクトを開いた様子

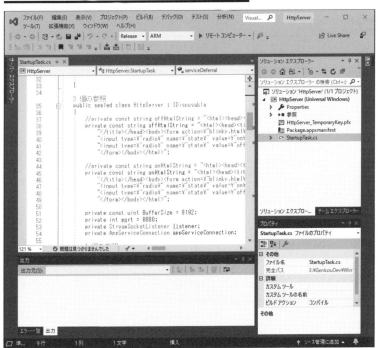

　サンプルプロジェクトを少し変更して、ブラウザの表示を変更します。HttpServer プロジェクトに含まれる StartupTask.cs の一部を変更します。まず、オリジナルの「public sealed class HttpServer : IDisposable」に含まれる、string の offHtmlString と onHtmlString を示します。

リスト 10.11 ●変更前のソースコード●）

```
private const string offHtmlString = "<html><head><title>Blinky App</title></head>
<body><form action=¥"blinky.html¥" method=¥"GET¥"><input type=¥"radio¥"
name=¥"state¥" value=¥"on¥" onclick=¥"this.form.submit()¥"> On<br><input
type=¥"radio¥" name=¥"state¥" value=¥"off¥" checked onclick=¥"this.form.submit()¥">
Off</form></body></html>";

private const string onHtmlString = "<html><head><title>Blinky App</title></head>
<body><form action=¥"blinky.html¥" method=¥"GET¥"><input type=¥"radio¥"
name=¥"state¥" value=¥"on¥" checked onclick=¥"this.form.submit()¥"> On<br> <input
type=¥"radio¥" name=¥"state¥" value=¥"off¥" onclick=¥"this.form.submit()¥"> Off</
form></body></html>";
```

　これを以下のように変更します（コードが読みづらいので改行も行います）。

リスト 10.12 ●変更後のソースコード

```
private const string offHtmlString = "<html><head><title>Blinky App" +
    "</title></head><body><form action=¥"blinky.html¥" method=¥"GET¥">" +
    "<input type=¥"radio¥" name=¥"state¥" value=¥"on¥"
                          └ onclick=¥"this.form.submit()¥">On Power<br>" +
    "<input type=¥"radio¥" name=¥"state¥" value=¥"off¥" checked
                            └ onclick=¥"this.form.submit()¥">Off Power" +
    "</form></body></html>";

private const string onHtmlString = "<html><head><title>Blinky App" +
    "</title></head><body><form action=¥"blinky.html¥" method=¥"GET¥">" +
    "<input type=¥"radio¥" name=¥"state¥" value=¥"on¥" checked
                          └ onclick=¥"this.form.submit()¥">On Power<br>" +
    "<input type=¥"radio¥" name=¥"state¥" value=¥"off¥"
                            └ onclick=¥"this.form.submit()¥">Off Power" +
    "</form></body></html>";
```

　HttpServer プロジェクトは、BlinkyWebService が完全に立ち上がっているのを確認してか

ら起動してください。Visual Studio のステータスバーに「準備完了」が現れたら、起動して
いると思って良いでしょう。

■動作の様子

2つのプロジェクトが立ち上がったのを確認したら、任意の PC でブラウザを起動します。
ブラウザの URL には「http://Raspberry.Pi の IP アドレス :8000/」を指定します。その様子
を次に示します。最初は電源オフになっています。

図10.18●電源オフの状態

この状態で「On Power」のラジオボタンを押すと、AC プラグに電源が供給されます。その
ため、この先に湯沸かし器がつながれていれば、お湯が沸きます。

図10.19●電源オンの状態

湯沸かし器以外の AC を使う機器を接続すると、それらの機器の電源を制御できます。

 これらはすべて実験です。遠隔地から AC 電源を制御できるという技術的な実験ですので、
実際に遠隔地から制御せず、安全な環境で行ってください。もし、遠隔地から AC 電源を制
御し、漏電や過電流が流れると、発火や感電などの事故の可能性があります。技術的に可
能であることと、実用に供することの間には大きな安全性の隔たりがありますので、くれ
ぐれも慎重に実験してください。

10.3 ラジコン制御

　第9章「ラジコン制御」を応用し、ブラウザ経由でラジコンを制御（操縦）するプログラム
を紹介します。このような方法を採用すると、遠隔地からラジコンを操縦できます。まず、シ
ステムの概要を示します。

図10.20●システムの概要

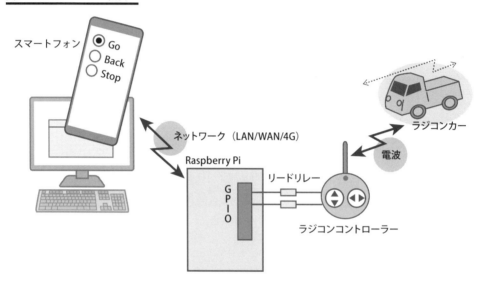

　Raspberry Piやリードリレーなどの接続は第9章と同じです。異なるのは、ラジコンカー
の制御を Raspberry Pi へ接続した HDMI ディスプレイとマウスで行うのではなく、ネット
ワークに接続されたコンピューターやスマートフォンのブラウザから行う点です。

■プログラム

　制御プログラムは、10.1節「LED 点滅」で使用したプロジェクトを流用します。

■ BlinkyWebService プロジェクト

BlinkyWebService.sln をダブルクリックして、Visual Studio を起動するか、Visual Studio から BlinkyWebService.sln を読み込みます。

図10.21●BlinkyWebServiceプロジェクトを開いた様子

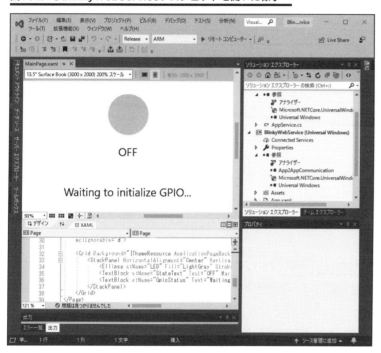

オリジナルの GUI は LED のオン・オフを表示します。ここでは、ラジコンの前進、後進、そして停止状態を表示するため、MainPage.xaml を少し変更します。まず、オリジナルのコードを示します。

リスト 10.13 ●変更前

```
<Grid Background="{ThemeResource ApplicationPageBackgroundThemeBrush}">
    <StackPanel HorizontalAlignment="Center" VerticalAlignment="Center">
        <Ellipse x:Name="LED" Fill="LightGray" Stroke="White" Width="100"
                                         └ Height="100" Margin="10"/>
        <TextBlock x:Name="StateText" Text="OFF" Margin="10" TextAlignment="Center"
                                         └ FontSize="26.667" />
        <TextBlock x:Name="GpioStatus" Text="Waiting to initialize GPIO..."
                 └ Margin="10,50,10,10" TextAlignment="Center" FontSize="26.667" />
```

```
        </StackPanel>
    </Grid>
```

これを以下のように書き換えます。初期の表示が「OFF」だったのを「Stop」に変更するだけです。

リスト 10.14 ●変更後

```
<Grid Background="{ThemeResource ApplicationPageBackgroundThemeBrush}">
    <StackPanel HorizontalAlignment="Center" VerticalAlignment="Center">
        <Ellipse x:Name="LED" Fill="LightGray" Stroke="White" Width="100"
                                            └ Height="100" Margin="10"/>
        <TextBlock x:Name="StateText" Text="Stop" Margin="10"
                                   └ TextAlignment="Center" FontSize="26.667" />
        <TextBlock x:Name="GpioStatus" Text="Waiting to initialize GPIO..."
                └ Margin="10,50,10,10" TextAlignment="Center" FontSize="26.667" />
    </StackPanel>
</Grid>
```

図10.22●「OFF」だったのを「Stop」に変更

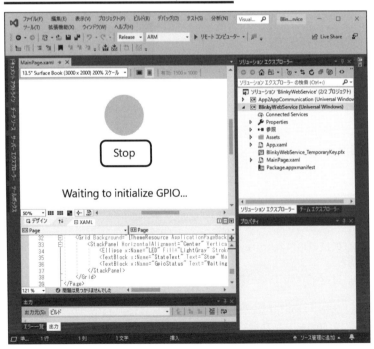

　次に、オン／オフの制御だけだったのを、Go（直進）、Back（後進）、Stop（停止）の3つ
の状態を持つように変更します。［BlinkyWebService］→［MainPage.xaml］→［MainPage.
xaml.cs］をクリックし、ソースコードを変更します。以降に、改変したInitGPIOメソッドを
示します。制御するGPIO端子が2つになるため、オリジナルと違いGPIO 5に加え、GPIO
6の初期化を追加します。これで2つのリードリレーはオフになり、ラジコンカーは停止し
ます。

リスト 10.15 ●変更後のソースコード

```
private void InitGPIO()
{
    var gpio = GpioController.GetDefault();

    // Show an error if there is no GPIO controller
    if (gpio == null)
    {
        goPin = null;
        backPin = null;
        GpioStatus.Text = "There is no GPIO controller on this device.";
        return;
    }

    goPin = gpio.OpenPin(GO_PIN);
    goPin.Write(GpioPinValue.High);
    goPin.SetDriveMode(GpioPinDriveMode.Output);

    backPin = gpio.OpenPin(BACK_PIN);
    backPin.Write(GpioPinValue.High);
    backPin.SetDriveMode(GpioPinDriveMode.Output);

    GpioStatus.Text = "GPIO pin initialized correctly.";
}
```

　次に、FlipLEDメソッドも変更します。本来ならメソッド名を適切な名前に変更する方が良
いですが、今回はそのままの名前を使用します。オリジナルのメソッドは、1つのGPIO端子
をオン／オフするだけですが、2つのGPIO端子を制御し、3つの状態を持つようにします。
まず、オリジナルのFlipLEDメソッドを示します。

リスト 10.16 ●変更前のソースコード

```
private void FlipLED()
{
    if (LEDStatus == 0)
    {
        LEDStatus = 1;
        if (pin != null)
        {
            // to turn on the LED, we need to push the pin 'low'
            pin.Write(GpioPinValue.Low);
        }
        LED.Fill = redBrush;
        StateText.Text = "On";
    }
    else
    {
        LEDStatus = 0;
        if (pin != null)
        {
            pin.Write(GpioPinValue.High);
        }
        LED.Fill = grayBrush;
        StateText.Text = "Off";
    }
}
```

　以降に、改変した FlipLED メソッドを示します。SwStatus の値によって、直進、後進、そして停止へ変更します。直進、後進、そして停止の状態に対応させて、GPIO 5 と 6 を設定します。オリジナルのメソッドは、状態が 2 つしかなかったため、if 文で切り替えていました。ラジコン制御では、状態が増えますので、switch 文を使用します。以降に、変更後のソースコードを示します。

リスト 10.17 ●変更後のソースコード

```
private void FlipLED()
{
    switch(SwStatus)
    {
        case STATE_STOP:
            goPin.Write(GpioPinValue.High);
```

```
        backPin.Write(GpioPinValue.High);
        LED.Fill = grayBrush;
        StateText.Text = STR_STATE_STOP;
        break;
    case STATE_GO:
        goPin.Write(GpioPinValue.Low);
        backPin.Write(GpioPinValue.High);
        LED.Fill = redBrush;
        StateText.Text = STR_STATE_GO;
        break;
    case STATE_BACK:
        goPin.Write(GpioPinValue.High);
        backPin.Write(GpioPinValue.Low);
        LED.Fill = blueBrush;
        StateText.Text = STR_STATE_BACK;
        break;
    default:
        // Do nothing
        break;
    }
}
```

　最後に、いくつか追加したコードを示します。オリジナルは、GPIO用の端子番号が1つで
したが、このプログラムは2つに増えます。そしてオリジナルのプログラムは、状態を表す
文字列などをハードコードしていましたが、ケアレスミスの元となるため、それぞれconstで
定義します。ブラシも増えたので追加します。以降に、オリジナルのソースコードと、変更後
のソースコードを示します。

リスト10.18 ●オリジナルソースコード

```
private int LEDStatus = 0;
private const int LFD_PIN = 5;
private GpioPin pin;
private SolidColorBrush redBrush = new SolidColorBrush(Windows.UI.Colors.Red);
private SolidColorBrush grayBrush = new SolidColorBrush(
                                        └ Windows.UI.Colors.LightGray);
```

リスト 10.19 ●変更後のソースコード

```
private int SwStatus = STATE_STOP;
private const int GO_PIN = 5;
private const int BACK_PIN = 6;

private const int STATE_STOP = 0;
private const int STATE_GO = 1;
private const int STATE_BACK = 2;

private const string STR_STATE_STOP = "Stop";
private const string STR_STATE_GO = "Go";
private const string STR_STATE_BACK = "Back";

//private GpioPin pin;
private GpioPin goPin, backPin;
private SolidColorBrush redBrush = new SolidColorBrush(Windows.UI.Colors.Red);
private SolidColorBrush blueBrush = new SolidColorBrush(Windows.UI.Colors.Blue);
private SolidColorBrush grayBrush = new SolidColorBrush(
                                        └ Windows.UI.Colors.LightGray);
```

　これまで説明した方法に従い、Raspberry Pi で実行します。[Release]、[ARM] を選択した後 [リモートコンピューター] をクリックして、Raspberry Pi で動作させます。

■ HttpServer プロジェクト

　BlinkyWebService プロジェクトを動作させたまま、HttpServer.sln をダブルクリックして、もう 1 つの Visual Studio を起動します。

図10.23●HttpServerプロジェクトを開いた様子

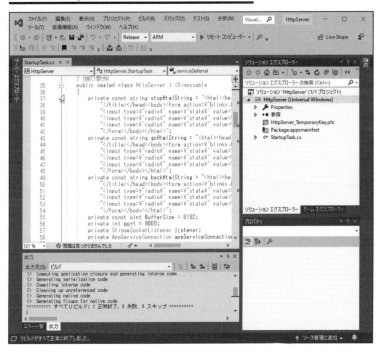

　サンプルプロジェクトを少し変更して、ブラウザの表示を変更します。HttpServer プロジェクトに含まれる StartupTask.cs の一部を変更します。まず、オリジナルの「public sealed class HttpServer : IDisposable」に含まれる、string の offHtmlString と onHtmlString を示します。

リスト 10.20 ●変更前

```
public sealed class HttpServer : IDisposable
{
    private const string offHtmlString = "<html><head><title>Blinky App</title></
head><body><form action=¥"blinky.html¥" method=¥"GET¥"><input type=¥"radio¥"
name=¥"state¥" value=¥"on¥" onclick=¥"this.form.submit()¥"> On<br><input
type=¥"radio¥" name=¥"state¥" value=¥"off¥" checked onclick=¥"this.form.submit()¥">
Off</form></body></html>";
    private const string onHtmlString = "<html><head><title>Blinky App</title></
head><body><form action=¥"blinky.html¥" method=¥"GET¥"><input type=¥"radio¥"
name=¥"state¥" value=¥"on¥" checked onclick=¥"this.form.submit()¥"> On<br><input
type=¥"radio¥" name=¥"state¥" value=¥"off¥" onclick=¥"this.form.submit()¥"> Off</
form></body></html>";
```

```
    private const uint BufferSize = 8192;
    private int port = 8000;
    private StreamSocketListener listener;
    private AppServiceConnection appServiceConnection;

    public HttpServer(int serverPort)
    {
        ⋮
```

オリジナルコードは、2つのHTML文字列しか保持していません。改造したコードは3つのHTML文字列を保持します。HTML自体の変更と同時に、見づらいため、適切な位置で改行を行います。さらに、状態を保持する文字列を、constを使用して定義します。以降に、変更したソースコードを示します。

リスト 10.21 ●変更後

```
public sealed class HttpServer : IDisposable
{
    private const string stopHtmlString = "<html><head><title>Blinky App" +
        "</title></head><body><form action=¥"blinky.html¥" method=¥"GET¥">" +
        "<input type=¥"radio¥" name=¥"state¥" value=¥"go¥"
                                └ onclick=¥"this.form.submit()¥">Go<br>" +
        "<input type=¥"radio¥" name=¥"state¥" value=¥"back¥"
                                └ onclick=¥"this.form.submit()¥">Back<br>" +
        "<input type=¥"radio¥" name=¥"state¥" value=¥"stop¥" checked
                                    └ onclick=¥"this.form.submit()¥">Stop" +
        "</form></body></html>";
    private const string goHtmlString = "<html><head><title>Blinky App" +
        "</title></head><body><form action=¥"blinky.html¥" method=¥"GET¥">" +
        "<input type=¥"radio¥" name=¥"state¥" value=¥"go¥" checked
                                    └ onclick=¥"this.form.submit()¥">Go<br>" +
        "<input type=¥"radio¥" name=¥"state¥" value=¥"back¥"
                                └ onclick=¥"this.form.submit()¥">Back<br>" +
        "<input type=¥"radio¥" name=¥"state¥" value=¥"stop¥"
                                    └ onclick=¥"this.form.submit()¥">Stop" +
        "</form></body></html>";
    private const string backHtmlString = "<html><head><title>Blinky App" +
        "</title></head><body><form action=¥"blinky.html¥" method=¥"GET¥">" +
        "<input type=¥"radio¥" name=¥"state¥" value=¥"go¥"
                                └ onclick=¥"this.form.submit()¥">Go<br>" +
        "<input type=¥"radio¥" name=¥"state¥" value=¥"back¥" checked
```

```
                                    ┗ onclick=¥"this.form.submit()¥">Back<br>" +
    "<input type=¥"radio¥" name=¥"state¥" value=¥"stop¥"
                                    ┗ onclick=¥"this.form.submit()¥">Stop" +
    "</form></body></html>";
    private const uint BufferSize = 8192;
    private int port = 8000;
    private StreamSocketListener listener;
    private AppServiceConnection appServiceConnection;

    private const string STR_STATE_STOP = "Stop";
    private const string STR_STATE_GO = "Go";
    private const string STR_STATE_BACK = "Back";

    public HttpServer(int serverPort)
    {
        ⋮
```

WriteResponse メソッドの変更も必要です。まず、オリジナルの WriteResponse メソッドの一部を変更します。

リスト 10.22 ●変更前

```
        ⋮
// See if the request is for blinky.html, if yes get the new state
string state = "Unspecified";
bool stateChanged = false;
if (request.Contains("blinky.html?state=on"))
{
    state = "On";
    stateChanged = true;
}
else if (request.Contains("blinky.html?state=off"))
{
    state = "Off";
    stateChanged = true;
}

if (stateChanged)
{
    var updateMessage = new ValueSet();
    updateMessage.Add("Command", state);
```

```
#pragma warning disable CS4014
    appServiceConnection.SendMessageAsync(updateMessage);
#pragma warning restore CS4014
}

string html = state == "On" ? onHtmlString : offHtmlString;
byte[] bodyArray = Encoding.UTF8.GetBytes(html);
// Show the html
using (var outputStream = socket.OutputStream)
{
    using (Stream resp = outputStream.AsStreamForWrite())
    {
        ⋮
```

オリジナルは 2 つの状態しかありませんが、ラジコンカー制御には 3 つの状態が必要です。そこで、状態を調べて state へ保持し、それに従って表示する HTML を変更します。オリジナルは 2 つの文字列しか保持していなかったため、単に切り替えるだけでした。このプログラムは 3 つの状態を持ちますので、switch 文へ変更します。以降に、変更したソースコードを示します。

リスト 10.23 ●変更後

```
        ⋮
// See if the request is for blinky.html, if yes get the new state
string state = "Unspecified";
bool stateChanged = false;
if (request.Contains("blinky.html?state=go"))
{
    state = STR_STATE_GO;
    stateChanged = true;
}
else if (request.Contains("blinky.html?state=back"))
{
    state = STR_STATE_BACK;
    stateChanged = true;
}
else if (request.Contains("blinky.html?state=stop"))
{
    state = STR_STATE_STOP;
    stateChanged = true;
}
```

```
if (stateChanged)
{
    var updateMessage = new ValueSet();
    updateMessage.Add("Command", state);
#pragma warning disable CS4014
    appServiceConnection.SendMessageAsync(updateMessage);
#pragma warning restore CS4014
}

//string html = state == "On" ? onHtmlString : offHtmlString;
string html = stopHtmlString;
switch (state)
{
    case STR_STATE_GO:
        html = goHtmlString;
        break;
    case STR_STATE_BACK:
        html = backHtmlString;
        break;
    case STR_STATE_STOP:
        html = stopHtmlString;
        break;
}
byte[] bodyArray = Encoding.UTF8.GetBytes(html);
// Show the html
using (var outputStream = socket.OutputStream)
        ⋮
```

　先のプロジェクトを動作させたまま、このプロジェクトも Raspberry Pi で実行します。
[Release]、[ARM] を選択した後 [リモートコンピューター] をクリックして、Raspberry Pi
で動作させます。HttpServer プロジェクトは、BlinkyWebService が完全に立ち上がっている
のを確認してから起動してください。

■動作の様子

　2 つのプロジェクトが立ち上がったのを確認したら、スマートフォンでブラウザを起動しま
す。ブラウザの URL には「http://Raspberry Pi のアドレス :8000」を指定します。

図10.24●スマートフォンのブラウザとRaspberry Piのディスプレイの表示

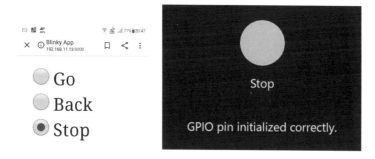

この状態でブラウザの［Go］を押すと、HDMIディスプレイの表示が変わるとともに、ラジコンカーが前進します。

図10.25●［Go］を押した後の表示

ブラウザの［Back］を押すと、再びHDMIディスプレイの表示が変わり、ラジコンカーが後進します。

図10.26●［Back］を押した後の表示

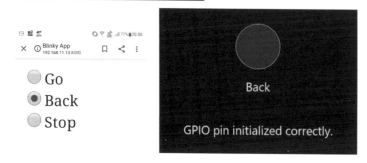

　使用したラジコンカーは、動作が速すぎて制御に苦労しました。少し消耗した電池など使い、速度が出ないようにするのも良いでしょう。あるいは、戦車などの速度の遅いものを使うのも良いでしょう。なお、この例では、停止に加え、前進と後進しか選べません。Raspberry Pi の GPIO は多数ありますので、UI やプログラムを変更して左右を追加し、全方向に進めるようにするのも良いでしょう。

　スマートフォンだけでなく、PC のブラウザを使用して制御した場合の画面も示します。

図10.27●PCのブラウザを使用した場合

　ここではラジコンを制御しましたが、応用は無限です。

付 録

付録 A ソリューションの再ターゲット

　ソリューションの再ターゲットについて、2つのケースを説明します。

■リモートコンピューターを押したとき配置でエラー

　リモートコンピューターを押したときに、配置でエラーになる場合があります。例えば、以降に示すような例です。この例は、ターゲットとOSバージョンが異なり配置できないものです。

図A.1●配置できない例

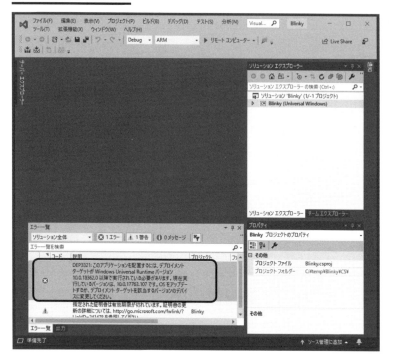

出力されたメッセージは、

> エラー DEP3321: このアプリケーションを配置するには、デプロイメント ターゲットが Windows Universal Runtime バージョン 10.0.18362.0 以降で実行されている必要があります。現在実行しているバージョンは、10.0.17763.107 です。OS をアップデートするか、デプロイメント ターゲットを該当するバージョンのデバイスに変更してください。

です。つまり、メッセージが示すように、ターゲットの OS をアップデートするか、デプロイメントターゲットを該当するバージョンのデバイスに変更しなければなりません。あるいは、ターゲットのバージョンを上げても良いでしょう。しかし、そのバージョンがリリースされていない、あるいは microSD カードの書き込みからやり直すのが面倒なときがあります。そのような場合は、プロジェクトのプロパティを開き、ターゲットバージョンを実際のバージョン（Raspberry Pi の OS バージョン）に合わせましょう。

図A.2●プロジェクトのプロパティを開く

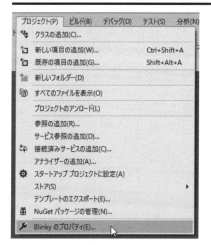

プロパティを開いて、ターゲットバージョンを確かめます。

図A.3●ターゲットバージョンを確かめる

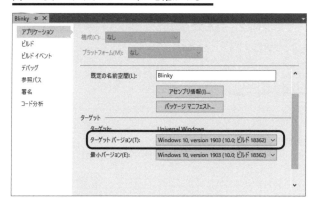

そして、ターゲットバージョンを実際のバージョン（Raspberry Pi の OS バージョン）に合わせましょう。

図A.4●ターゲットバージョンを実際のバージョンに合わせる

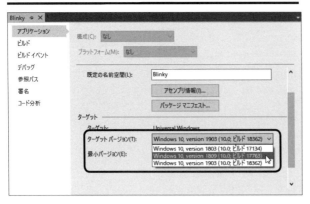

　この状態で、リモートコンピューターを押すと、正常に再配置され、Raspberry Pi でプログラムは起動します。

■ソリューション操作の再ターゲット

　上記を行う前に、ソリューションファイルを開く一連の作業中に「ソリューション操作の再ターゲット」ダイアログが現れる場合があります。

図A.5●「ソリューション操作の再ターゲット」ダイアログ

　「OK」を押しても何も起きず、プロジェクトを生成できます。しかし、リモートコンピューターを押したときに、前記のように配置でエラーになる場合があります。このような時は、ソリューションファイルを開いたときに現れる「ソリューション操作の再ターゲット」ダイアログで、ターゲット（= Raspberry Pi）の OS バージョン以下にするのが安全です。

図A.6● 「ソリューション操作の再ターゲット」ダイアログ

　例えば、この例では Raspberry Pi の OS バージョンが 10.0.17763.107 だとします。この
ため、最初のダイアログで「OK」を押すと、10.0 のビルド 18362 対応となり、実際のター
ゲットの OS バージョンより新しいバージョン対応となります。このようなプロジェクトは、
リモートコンピューターへ配置できなくなる可能性があります。これを避けるために、「Target
version」を実際のターゲットバージョンへ合わせておくと、配置でエラーになるのを避ける
ことができます。

付録 B Windows IoT Extension SDK

　従来のプログラムを、そのままビルドしようとすると「'Windows IoT Extension SDK' が見つからない」旨のメッセージが表示され、ビルドに失敗するときがあります。

図B.1●'Windows IoT Extension SDK'が見つからない

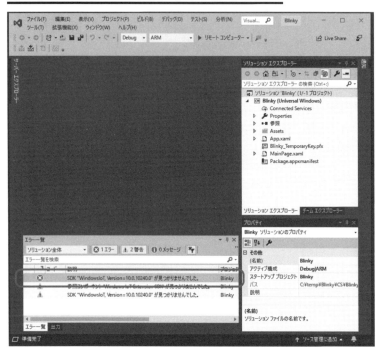

　バージョン 17134 を超える SDK には、'Windows IoT Extension SDK' は存在しません。'Windows IoT Extension SDK' に含まれていた API は、メインの UWP SDK にマージされたため、'Windows IoT Extension SDK' への参照を削除する必要があります。以降に、'Windows IoT Extension SDK' への参照を削除する様子を示します。

図B.2●'Windows IoT Extension SDK'への参照を削除

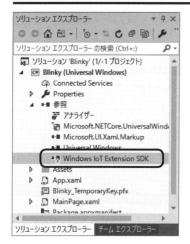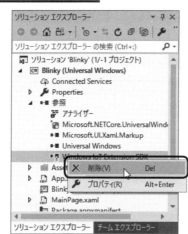

　これでソリューションエクスプローラーの参照から 'Windows IoT Extension SDK' が消えます。

図B.3●参照から 'Windows IoT Extension SDK' が消える

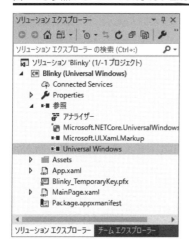

　この状態でビルドすると、「'Windows IoT Extension SDK' が見つからない」旨のメッセージは表示されなくなります。

付録 C Windows IoT Extensions for the UWP

　Visual Studio のバージョンの違いなどにより、Raspberry Pi の実行に失敗するときがあります（配置できない）。そのような場合は、参照に「Windows IoT Extensions for the UWP」が追加すると解決される場合があります。

　これを解決するには、ソリューションエクスプローラーの参照で、マウスの右ボタンをクリックします。メニューが現れますので［参照の追加］を選択します。

図C.1●［参照の追加］を選択

　参照マネージャーが現れますので、［Universal Windows］→［拡張］を選択し、右側の［Windows IoT Extensions for the UWP］にチェックを入れます。そして［OK］を押します。

図C.2● 「参照マネージャー」 ウィンドウ

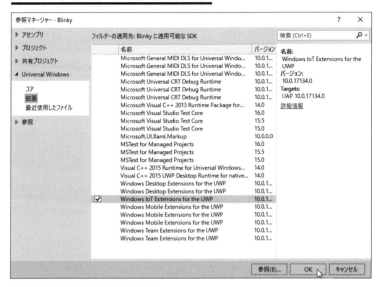

[OK] を押すと元の画面に戻ります。ソリューションエクスプローラーの参照に「Windows IoT Extensions for the UWP」が追加されます。

図C.3●ソリューションエクスプローラーの参照に追加された状態

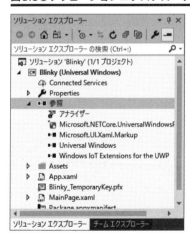

付録 D リモートディスプレイ機能

　リモートディスプレイ機能は、リモートの Windows 10 IoT Core デバイス上で実行されている UWP アプリケーションを制御するために使用される技術です。この機能を使用すると、Windows 10 IoT Core デバイスの表示内容を任意の Windows 10 のデスクトップ PC、タブレット、または携帯電話などに表示できます。この機能を利用すると、遠隔地にあるデバイスを手元にあるように操作できます。また、ケーブル類が少なくなり面倒な結線から解放されます。

図D.1●リモートディスプレイ機能の概念

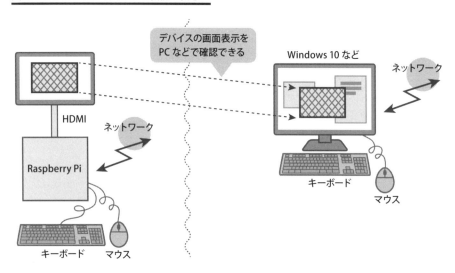

　ここでは、リモートディスプレイ機能のセットアップ手順について説明します。Windows 10 IoT Core デバイスへインストールする OS のバージョンは、Version.10.0.14295.1000 以降でなければなりません。現在の環境で、この制限に抵触することはないでしょう。

■ Windows IoT Remote Server 機能を有効にする

　まず、Windows 10 IoT Core デバイスの Windows IoT Remote Server 機能を有効にします。次に、イーサネットや無線 LAN のいずれかを経由して、Windows 10 IoT Core デバイスをイ

ンターネットに接続します。

　Windows IoT Remote Server 機能を有効にするには、ブラウザに Raspberry Pi の IP アド
レスと、ポート番号 8080（http://Raspberry Pi の IP アドレス :8080/）を指定します。接続
に先立ち、ユーザー名とパスワードを求められますので正確に入力してください。

図D.2●ユーザー名とパスワード

　接続できたら、左のオプションから［Remote］を選択します。

図D.3●「Remote Server」画面

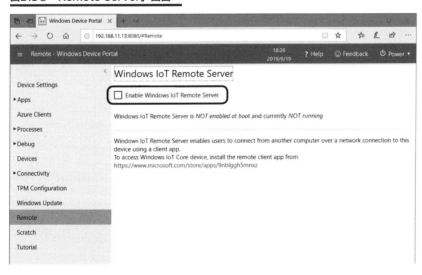

　上部に表示される「Enable Windows IoT Remote Server」にチェックを付けます。

Windows IoT Remote Server の有効化に成功すると、以下のメッセージが現れます。

図D.4●Windows IoT Remote Serverの有効化に成功

［OK］を押すと、「Enable Windows IoT Remote Server」にチェックが付けられます。これによって、Windows 10 IoT Core デバイス（Raspberry Pi）は、リモートディスプレイ機能が有効になります。

Windows IoT Remote Client がインストールされていない場合、ストアから Windows IoT Remote Client をインストールする必要があります。下部に Windows IoT Remote Client をインストールするためのリンクが表示されていますので、クリックして Windows IoT Remote Client をインストールしましょう。

図D.5●Windows IoT Remote Serverが有効化された状態とWindows IoT Remote Clientのリンク

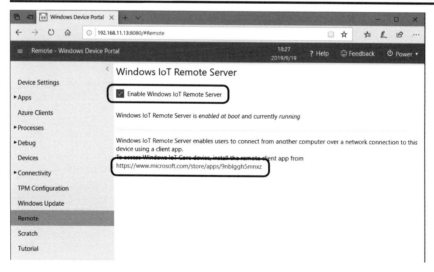

表示されているリンクから Windows IoT Remote Client をインストールします。［無料］と表示されたボタンを押すと、Windows IoT Remote Client がインストールされます。

■ Windows IoT Remote Client の起動

　スタートメニューから Windows IoT Remote Client を起動するか、Windows 10 IoT Core Dashboard から Windows IoT Remote Client を起動します。以降に、Windows 10 IoT Core Dashboard から Windows IoT Remote Client を起動する様子を示します。マウスの右ボタンをクリックし、現れたメニューから「IoT リモートクライアントの起動を選びます。

図D.6●「IoT リモートクライアントの起動

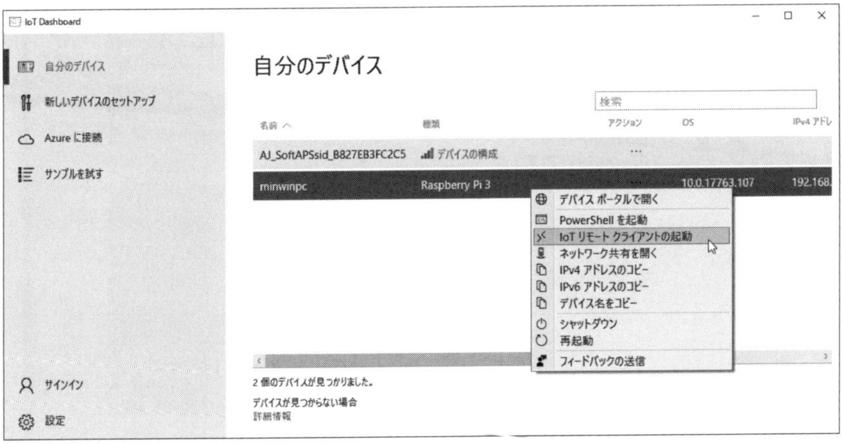

■ Windows 10 IoT Core デバイスと Client を接続

　Windows IoT Remote Client を Windows 10 PC で起動すると、次図に示すような接続画面が現れるので、ドロップダウンからデバイスを選ぶか、IP アドレスを入力します。この例では、ドロップダウンリストに目的のデバイスが表示されなかったので、IP アドレスを入力し［Connect］ボタンを押します。

図D.7●接続画面で接続するデバイスを選択

　これで、開発用の Windows 10 PC と Windows 10 IoT Core デバイス（Raspberry Pi）が接続されます。接続直後の PC の画面を次図に示します。Windows 10 PC 上で動作している Microsoft Word などとともに、Windows 10 IoT Core デバイスの表示が、1 つのウィンドウとして表示されます。

図D.8●接続直後のPCの画面

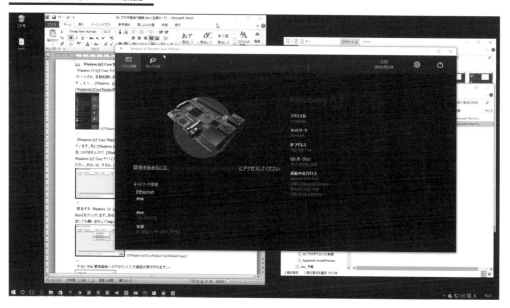

　なお、特定のバージョンでは接続がうまく行かず、リモートディスプレイ機能を利用できない場合もあります。そのような場合は、OS バージョンを動作しているものに戻すか、known bug の修正を待ちましょう。何か問題が発生したときは、やみくもに設定を変更せず Windows 10 IoT Core の公式ページに情報が提供されていないかチェックすることを勧めます。

索 引

■ 著者プロフィール

北山 洋幸（きたやま・ひろゆき）

鹿児島県南九州市知覧町出身（旧：川辺郡知覧町）、富士通株式会社、日本ヒューレット・パッカード株式会社（旧横河ヒューレット・パッカード株式会社）、米国 Hewlett-Packard 社（出向）、株式会社 YHP システム技術研究所を経て有限会社スペースソフトを設立、現在に至る。

メインフレームのシステムソフトウェアやコンパイラの開発、メインフレーム用プロセッサシミュレータをいくつかの研究機関と共同で開発する。その後、初期のパーソナルコンピュータ、イメージングシステム、メディア統合の研究・開発に従事する。海外の R&D への出向や、長期出張も経験する。その後、コンサルティング分野に移り、通信、リアルタイムシステム、信号処理・宇宙航空機、電力などのインフラ、LSI の論理設計などなど、さまざまな研究・開発に参加する。並行して多数の印刷物に寄稿する。現在は、本業を減らし、日々地域猫との交流を楽しんでいる。20 代の頃、まさかこの年齢でプログラミングしているとは想像もしていなかった。

著訳書
　月刊誌、辞典、季刊誌、定期刊行物へのコラム・連載など多数。

IoT デバイスプログラミング入門　第 2 版
Windows 10 IoT Core と Raspberry Pi で作る IoT デバイス

2016 年 8 月 10 日　　初版第 1 刷発行
2020 年 2 月 10 日　　第 2 版第 1 刷発行

著　　者	北山 洋幸
発行人	石塚 勝敏
発　　行	株式会社 カットシステム

　　　　　〒 169-0073 東京都新宿区百人町 4-9-7　新宿ユーエストビル 8F
　　　　　TEL（03）5348-3850　　　FAX（03）5348-3851
　　　　　URL　http://www.cutt.co.jp/
　　　　　振替　00130-6-17174

印　　刷　　シナノ書籍印刷 株式会社

本書に関するご意見、ご質問は小社出版部宛まで文書か、sales@cutt.co.jp 宛に e-mail でお送りください。電話によるお問い合わせはご遠慮ください。また、本書の内容を超えるご質問にはお答えできませんので、あらかじめご了承ください。